뉴스의 시대

THE NEWS: A USER'S MANUAL

이 도서의 국립중앙도서관 출판예정도서목록(CIP)은 서지정보유통지원시스템 홈페이지(http://seoji.nl.go.kr)와 국가자료종합목록 구축시스템(http://kolis-net.nl.go.kr)에서 이용하실 수 있습니다.
(CIP제어번호: CIP2014019271)

The News
A User's Manual

뉴스의 시대

뉴스에 대해 우리가 알아야 할 모든 것

알랭 드 보통 지음
최민우 옮김

문학동네

어머니에게

일러두기

1. 주석은 모두 옮긴이 주다.

2. 본문 중 고딕체는 원서에서 이탤릭체로 강조한 부분이다.

3. 인명, 지명 등 외래어는 국립국어원의 외래어표기법을 따랐다. 단, 외래어표기법이 제시되지 않은 아랍어, 스와힐리어 등은 국내 매체에서 통용되는 사례를 참고해 표기했다.

4. 저작물의 제목에는 다음 기준에 따라 약물을 사용했다. 신문·미술작품·사진작품·텔레비전 프로그램은 〈 〉, 주간지·월간지·단행본·장편문학작품(소설·희곡)은 『 』, 시는 「 」을 사용했다.

CONTENTS

I. 프롤로그 9

II. 정치 뉴스 21

III. 해외 뉴스 91

IV. 경제 뉴스 145

V. 셀러브리티 뉴스 179

VI. 재난 뉴스 213

VII. 소비자 정보 뉴스 255

VIII. 결론 275

• 찾아보기 293

I.

프롤로그

1

이 일은 사용설명서가 필요 없다. 왜냐하면 세상에서 가장 평범하고 쉽고 빤한데다 특별한 구석이라고는 없는 활동이기 때문이다. 마치 숨쉬기나 눈을 깜박이는 것과 같다.

보통 하루 이내의 간격을 두고(이따금 그 주기는 훨씬 짧아지기도 한다. 특히 불안한 상태라면 고작 십 분이나 십오 분이 될 수도 있다) 우리가 뭘 하고 있었건 간에 **뉴스를 확인하기** 위해 하던 일을 멈춘다. 앞서 마지막으로 뉴스를 일별한 이후 이 행성 곳곳에서 일어난 인류의 엄청난 성취, 재난, 범죄, 전염병, 복잡한 연애사에 관한 결정적 정보를 잇달아 투여받겠다는 기대를 품고 일상을 잠시 멈춘다.

이제부터 하게 될 일은 어디에서나 볼 수 있는 이 익숙한 습관을 지금보다 훨씬 더 이상하면서도 조금은 위태롭게 보이도록 해보려는 연습이다.

2

뉴스는 세상에서 가장 별나고 중요하다고 여겨지는 일이라면 그게 무엇이건 우리 앞에 제시하는 데 전념한다. 열대지방에 내린 눈, 대통령의 사생아, 접착쌍둥이•에 관한 뉴스 같은 것이 그렇다. 그런데 온갖 이례적인 사건들을 이처럼 단호히 추적함에도 불구하고 뉴스가 교묘히 눈길을 회피하는 딱 한 가지가 있다. 그건 바로 뉴스 자신, 그리고 뉴스가 우리 삶에서 점하고 있는 지배적인 위치다. '인류의 절반이 매일 뉴스에 넋이 나가 있다'는 것이야말로 우리가 언론을 통해 결코 접할 수 없는 헤드라인이다. 그 밖의 놀랍고 주목할 만하거나 부패하고 충격적인 일들은 무엇이든 드러내려고 안달하면서 말이다.

철학자 헤겔이 주장했듯, 삶을 인도하는 원천이자 권위의 시금석으로서의 종교를 뉴스가 대체할 때 사회는 근대화된다. 선진 경제에서 이제 뉴스는 최소한 예전에 신앙이 누리던 것과 동등한 권력의 지위를 차지한다. 뉴스 타전은 소름이 돋을 정도로 정확하게 교회의 시간 규범을 따른다. 아침기도는 간략한 아침 뉴스로, 저녁기도는 저녁 종합 뉴스로 바뀌어왔다. 그러나 뉴스가 그저 유사 종교적인 시간표를 따르기만 하는 건 아니다. 뉴스는 우리가 한때 신앙심을 품었을 때와 똑같은 공손한 마음을 간직하고 접근하기를 요구하기도 한다. 우리 역시 뉴스에서 계시를 얻기 바란다. 누가 착하고 누가 악인인지 알기를 바라고, 고통을 헤아려볼 수 있기를 바라며, 존재의 이치가 펼쳐지는 광경을 이해하길 희망한다. 그리고 이 의식에 참여하길 거부하는 경우 이단이라는 비난을 받기도 한다.

뉴스는 뉴스의 작동원리가 거의 보이지 않게 하는 방법을, 그리하

• 흔히 '샴쌍둥이'라고 부르는데, 이 표현에 차별적인 뉘앙스가 담겨 있다는 지적에 따라 최근에는 잘 사용하지 않는다.

여 사람들로 하여금 의문을 제기하기 어렵게 하는 방법을 안다. 뉴스는 추측으로 점철된 자신의 관점은 언급하지 않은 채, 별다른 억양 없는 자연스러운 목소리로 우리에게 말을 건넨다. 뉴스는 자신이 세상사를 그저 **보도만** 하는 것은 아니라는 사실을 드러내지 않는다. 그러나 오히려 뉴스는 지극히 뚜렷한 우선순위에 의거해 새로운 세상을 우리 마음속에 공들여 짓는 작업을 꾸준히 하고 있다.

3

어린 시절부터 우리는 이미지와 언어의 힘을 높이 평가하도록 교육받는다. 박물관으로 이끌려가 오래전에 죽은 예술가들의 작품이 우리의 관점을 변화시킬 수 있음을 엄숙하게 교육받고, 시와 소설이 우리의 삶을 바꿀 수 있음을 주입받는다.

하지만 이상하게도 사람들은 뉴스가 매시간 제공하는 언어와 이미지에 대해서는 좀처럼 가르치려 하지 않는다. 『오셀로』의 플롯을 이해하는 법을 배우는 것이 〈뉴욕 포스트〉 1면을 해석하는 법을 배우는 것보다 더 중요하다고 간주된다. 우리는 〈데일리 메일〉의 셀러브리티 포토 섹션이 끼치는 효과보다 마티스가 색채를 사용한 방법의 중요성에 대해 더 많이 듣는 듯하다. 사람들은 〈빌트〉나 『OK!』, 〈프랑크푸르터 알게마이네 차이퉁〉이나 〈홋카이도 신문〉, 〈테헤란 타임스〉나 〈더 선〉 같은 매체를 열독한 다음 우리의 세계관에 무슨 일이 벌어질지 생각해보라고 권하지 않는다. 우리는 언론 매체가 가진 특별한 능력, 즉 우리의 현실 감각에 영향을 미치고 (어떤 초자연적 연관성도 없는데) 우리의 마음을 들었다 놨다 하는 능력에 대해 전혀 체계적으로 지도받지 않는다.

교육에 대해 별의별 소리를 떠들어대면서도, 현대사회는 자신의 구성원들을 가르치고 있는 가장 영향력 있는 수단을 검토하는 데 참으로 무심하다. 교실에서 무슨 일이 벌어지건 간에, 보다 더 강력하고 지속적인 교육은 방송 화면과 전파를 통해 이뤄진다. 우리는 태어나서 고작 18년 남짓 교실에 갇혀 보호받을 뿐, 나머지 인생은 사실상 어떤 제도권 교육기관보다도 더 커다란 영향력을 무한정 행사하는 뉴스라는 독립체의 감독 아래에서 보낸다. 일단 공식적인 교육과정이 끝나면 뉴스가 선생님이다. 뉴스는 공적인 삶의 풍조를 조성하고 우리 각자의 테두리 너머에 있는 공동체에 대한 인상을 형성하는 가장 중요하면서도 유일한 힘이다. 뉴스는 정치적이고 사회적인 현실을 만드는 으뜸가는 창조자다. 혁명가들이 그러하듯, 만약 당신이 한 나라의 정신을 변화시키고 싶다면 미술관, 교육부, 또는 유명 소설가들의 집으로 향하지 마라. 정치체의 신경중추인 뉴스 본부로 곧장 탱크를 몰고 가라.

4

어째서 우리 대중은 계속 뉴스를 확인하는 걸까? 이는 공포와 큰 관련이 있다. 뉴스에서 눈을 떼고 나서 아주 짧은 시간이 흘렀는데도 습관처럼 불안이 축적된다. 우리는 얼마나 많은 일들이 쉽게 잘못되는지, 또 순식간에 벌어지는지 안다. 연료관이 파열된 A380 항공기가 불길에 휩싸인 채 굴러서 만灣에 처박힐 수도 있다. 아프리카 박쥐에서 유래된 바이러스가 종種의 장벽을 뛰어넘어 승객들이 가득한 일본의 통근전철에 달린 환기구로 스며들 수도 있다. 투자자들이 매각을 통해 통화가치 급락을 부추길 수 있으며, 겉보기에 평범한 아버지가 어여쁜 두 자녀의 삶을 폭력적으로 끝장낼 수도 있다.

바로 근처에는 안정과 평화가 있을 것이다. 정원에서는 산들바람이 자두나무의 가지를 흔들고, 거실의 책장에는 조금씩 먼지가 쌓여가고 있으리라. 하지만 우리는 그러한 평온이 존재의 혼란스럽고 난폭한 핵심을 제대로 다스릴 수 없다는 걸 인식하고 있으며, 따라서 잠시 뒤에는 나름의 근심이 습관처럼 자라난다. 재앙이 닥칠지도 모른다는 우리의 염두에 자리잡은 생각은, 가장 가까운 곳에 있는 안테나 철탑 쪽으로 휴대전화를 돌려놓고 기사 제목이 뜨기를 기다릴 때 희미하게 잡히는 두려움의 맥박을 해명해준다. 그 맥박은 우리의 먼 조상이 동이 트기 직전의 싸늘한 순간, 태양이 변함없이 창공에 떠오를지 궁금해하면서 느꼈을 게 분명한 불안이 모습을 바꿔 나타난 것이다.

그러나 여기에는 특별한 종류의 아슬아슬한 쾌락도 있다. 아무리 무시무시하다 해도, 특히 최악의 소식일 때조차도 뉴스는 우리가 스스로를 감내해야 하고, 자신만의 능력을 제대로 발휘하고자 영원히 애써야 하며, 우리의 제한된 궤도 안에 있는 몇몇 사람들이 내 생각과 요구를 진지하게 받아들이도록 고투해야 한다는, 폐소공포증을 유발하는 그런 부담들을 덜어주는 위안이 될 수 있다. 뉴스를 찾아보는 건 귀에 조개껍데기를 갖다 대고 거기서 들리는 인류의 울부짖음에 압도당하는 것이다. 뉴스는 우리에게 각기 할당된 것보다 훨씬 더 심각하거나 흥미진진한 문제들을 찾아냄으로써, 그리고 이 더 큰 관심사들이 자기 자신에게만 초점이 맞춰진 불안과 의심을 삼켜버리도록 용인함으로써 우리를 사로잡은 문제로부터 도피하는 탈출구가 될 수 있다. 기근, 침수된 마을, 잡히지 않은 연쇄살인범, 내각의 사퇴, 내년 최저생계비에 대한 경제학자의 예측 같은 외부의 혼란이야말로 우리를 내면의 평온이라는 감각으로 인도하는 데 꼭 필요한 것일지도 모른다.

오늘날 뉴스는 밤늦게까지 인터넷상으로 불륜을 저지른 후 졸음운전을 하다 고가도로에서 탈선하여 도로 아래 캠핑 트레일러에 타고 있던 일가족 다섯을 죽인 남자에 대해 알려준다. 또다른 뉴스는 아름답고 전도유망한 대학생이 파티가 끝나고 실종된 지 닷새 만에 콜택시 트렁크에서 토막난 시체로 발견됐다고 전한다. 또 어떤 뉴스는 여자 테니스 코치와 열세 살짜리 제자 사이에서 일어난 스캔들을 낱낱이 까발린다. 이런 사건들은 분명 말도 안 되는 일인지라 그에 비하면 우리는 정상적이고 축복받았다고 느끼게 된다. 그런 뉴스를 접하고 나면 예측 가능한 일상의 쳇바퀴 앞에서, 우리의 이상한 욕망을 우리가 정말 단단히 비끄러매고 있다는 사실 앞에서, 동료를 독살하거나 친척을 안뜰에 묻어버린 적이 결코 없는 자신의 자제심 앞에서 새삼 안도한다.

5

시간이 흐르면 이 모든 뉴스들은 우리에게 어떤 영향을 줄까? 몇 달, 심지어 몇 해 동안 소비한 뉴스 중 남는 걸 전부 합하면 얼마나 될까? 실종된 아이, 예산 부족, 불륜을 저지른 장군에 대한 소식을 접하며 느꼈던 그 수많은 흥분과 두려움은 어디로 향하는 것일까? 이 모든 뉴스 기사들이, 예를 들어 중국이 부상중이고 중앙아프리카는 부패했으며 교육은 개혁되어야 한다는 등의 막연하면서도 놀랄 것 하나 없는 결론들의 퇴적물을 넘어서 우리의 지혜를 늘리는 데 얼마만큼 기여하는가?

우리가 이런 의문들을 제기하지 않는다는 사실은 대체로 우리의 정신 상태가 너그럽기 짝이 없다는 징후다. 우리는 단순히 뉴스에 대해 신경을 끄는 것만으로도 뭔가 문제가 생길 거라고 상상한다. 아주 어렸을 때 처음 들인 습관, 즉 학교 조회 시간에 다리를 포개고 앉아 권위 있는 인물이 가장 중요하다고 여기는 것들에 대해 이야기하는 동안 공손하게 귀기울이던 버릇을 고치기란 어렵다.

뉴스가 어째서 중요하냐고 묻는 건 뉴스가 중요하지 않다고 간주하려는 게 아니라, 보다 자의식을 갖고 뉴스를 수용하려 할 때 얻게 되는 보상에 대해 이야기해보자는 것이다. 이 책은 기록이고, 현상학이고, 뉴스와 마주치는 순간들의 모음이다. 또한 이 책은 다양한 출처에서 추려낸 뉴스의 조각들로 짜여 있다. 이 뉴스들은 시나 철학의 구절만큼이나 연구할 가치가 있다는 가정 위에서, 뉴스 작성자들이 의도했던 것보다 훨씬 더 정교한 분석의 대상으로서 신중히 제시되었다.

뉴스에 대한 정의는 의도적으로 모호하게 놓아두었다. 언론사마다 명백한 차이가 있음에도 불구하고, 뉴스의 전통적 영토(라디오, TV, 온라인과 종이 신문), 그리고 좌파 매체와 우파 매체의 대조적인 이데올로기, 고급 매체와 저속한 매체의 문제를 한데 모아 포괄적으로 이야기해도 되겠다 싶을 정도로 뉴스들 사이에 충분한 유사성 또한 있다.

이 기획은 뉴스에 대한 일종의 유토피아적 접근을 포함한다. 단지 뉴스가 현재 어떤 모양새인지 묻는 데서 그치지 않고 뉴스라는 것이 언젠가 이룩하게 될 모습에 대해서도 상상해보려 했다. 이상적인 언론기관을 그려보기 위해서는 미디어가 처한 경제적 사회적 현실에 냉담해서는 안 된다. 오히려 우리가 일련의 염세적인 추정들을 너무 쉽게 인정하려 드는 태도에서 벗어나고자 갈망할 때 그런 이상은 싹튼다.

6

현대사회는 자신의 발전에 필요한 뉴스가 어떤 것인지 여전히 어렴풋하게만 알고 있다. 역사상 오랜 기간, 뉴스는 모으기도 어려웠고 퍼뜨리는 데도 많은 비용이 들었으며 그러다보니 인간의 내면세계에 대한 장악력은 불가피하게 떨어질 수밖에 없었다. 오늘날 우리가 뉴스로부터 도망칠 수 있는 장소는 지구상에 거의 존재하지 않는다. 뉴스는 숙면을 취하지 못하고 아침 일찍 일어난 우리를 기다리고 있다. 뉴스는 대륙을 오가는 비행기를 타고 우리를 따라온다. 뉴스는 자녀가 잠자는 틈을 타 우리 주의를 낚아채려고 대기중이다.

뉴스는 왁자지껄하게 쇄도하면서 우리의 가장 깊은 자아에 침투해왔다. 오늘날 고요한 순간을 누린다는 건 얼마나 커다란 성취인가. 깊이 곯아떨어지거나 친구와 산만하지 않은 대화를 나눈다는 것은 참으로 흔치 않은 기적이 아닌가. 우리가 뉴스라는 거대한 소용돌이에서 빠져나와 단 하루라도 빗소리와 자기만의 상념에 귀기울이기 위해서는 실로 구도자적인 훈련이 필요하지 않은가.

뉴스가 우리에게 전하는 것, 즉 질투와 공포, 흥분과 좌절 같은, 계속 들어왔지만 때로 애초부터 모르는 게 낫지 않았을까 의구심이 들곤 하는 그 모든 것들을 다루는 데는 약간의 도움이 필요할지 모르겠다.

따라서 이 작은 매뉴얼은, 오늘날 좀 지나치다싶게 당연하고 무해한 것으로 보이게 된 어떤 습관을 우리 자신을 위해 잠시나마 복잡하게 비틀어보고자 한다.

II.
정치 뉴스

지루함과 당혹스러움

시범 운영되는 보조금 정책으로 집세 체납 급증

낙태법 개정안, 의회에서 부결

경제 균형 재조정을 위한 복합적 노력

유럽인권재판소, 이민 문제 판결을 내리다

'투명성이 결여된' 지방의회 지출

위원회, 총기 소유권 조항 영속화

세금 징수 반대세력, 보수당의 공세를 앞장서서 이끌다

휴회중 임명권• 결정에 항소

시드니 남성, 식인 및 근친상간 혐의로 기소

BBC

• 미국 대통령이 의회 휴회 기간 중 상원의 인준을 받지 않고 고위 공직자를 임명할 수 있는 권한.

1

이른 아침, 여전히 침대에 누운 채 스크린에 손을 뻗어 뉴스를 검색한다. 집에서 제때 빠져나가기 위해 샤워를 하고 평소처럼 후다닥 움직여야 할 시간이 곧 닥치겠지만 아직은 인터넷을 뒤적일 여유가 약간 있다.

안타깝게도 오늘은 딱히 솔깃한 뉴스가 없다. 맨 처음 눈에 띈 조금 알쏭달쏭한 기사 제목('시범 운영되는 보조금 정책으로 집세 체납 급증')을 보면서 제목보다는 뭔가 더 흥미로운 내용이 담겨 있길 바라는 마음으로 어쨌거나 클릭한다.

> 수치에 따르면, 수령인에게 직접 주택수당을 지급하는 정부의 시범 정책으로 인해 세입자들 사이에서 집세 체납이 크게 증가한 것으로 나타났다. 이 새로운 제도가 모든 세입자를 대상으로 시행될 경우 어떤 지역에서는 약 1400만 파운드의 손실이 발생할 것으로 예측된다. 임대주가 아닌 수령인에게 직접 주택수당을 지급하는 방식은 새로 입안된 통합수당• 정책의 핵심적 부분을 이루게 될 예정이다. 노동연금부는 해당 정책이 전국 단위에서 효율적으로 시행될 수 있도록 하는 데 이번 시범 실시가 도움이 되었다고 밝혔다.

• Universal Credit: 영국 정부가 새로 도입한 복지 제도.

이 정도면 그럭저럭 괜찮은 기사다. 정부가 최저임금을 받는 사람들을 위해 주택보조금 지급 방식을 개혁하기로 결정한 것은 분명 주목할 만한 일이다. 고상한 언론사는 정책의 세부 항목을 조사해 대중의 이목을 끌고자 시간과 돈을 투자했다. 그렇긴 해도 기사에 좀처럼 눈길이 가질 않는다.

이런 반응이 유별난 건 아니다. 우리는 누가 봐도 중요한 내용을 담고 있지만 개개인의 입장에서는 무관심할 수밖에 없는 기사들과 일상적으로 마주친다. 현대 민주주의 사회의 언론들이 제공하는 이른바 '진지한' 정치 기사들로 인해 유발되는 가장 흔한 감정은 지루함과 당혹스러움이리라. 그러면서도 이 두 감정은 가장 드러내기 부끄러운, 따라서 은폐되는 감정이기도 하다.

하지만 기사 제목을 훑다보면 저 아래쪽에는 정말이지 아무 노력도 필요치 않은 이야기, 근친상간을 저지르고 인육을 먹는 오스트레일리아 사람에 관한 기사가 있다.

어쩌면 나는 본래 실로 얄팍하고 무책임한 시민일지도 모르겠다.

2

하지만 우리 스스로를 너무 심하게 힐난하기 전에, 비슷한 상황에서 '러시아 남자, 변호사에게 상담하다'라고만 적힌 기사 제목을 본다고 상상해보자. 제목 밑에는 다음과 같은 기사가 있다.

세 여인이 있었다. 나이든 귀부인, 젊은 숙녀, 소매상의 부인. 신사 세 명도 있었다. 한 명은 반지를 낀 독일인 은행가, 다른 한 사람은 턱수염을 기른 상인, 세번째는 제복 차림에 십자가를 건 무뚝뚝한 얼굴의 관리였다. 이들 모두 꽤 오래 기다린 게 분명해 보였다. 조수 두 명이 책상에 앉아 뭔가를 쓰고 있는데, 들리는 것이라고는 펜이 사각거리는 소리뿐이었다. 필기구들은 무척이나 좋은 것들이어서(카레닌은 그쪽으로 조예가 깊었다) 눈이 가지 않을 도리가 없었다. 조수 중 하나가 의자에서 일어나지도 않은 채 미간을 찌푸리며 카레닌에게 언짢은 투로 물었다.

"무슨 일로 오셨지요?"

"사업상 용무로 변호사를 만났으면 하는데."

만약 이 지점에서 기사가 딱 멈췄다면, 우리가 이야기에 홀딱 빠져 다음 내용을 더 알고 싶다는 욕망을 표출하게 되리라고 상상할 수 있겠는가. 심지어 그 '더'는 언제 나올지 불확실한데다, 이 지루한 이야기가 여남은 줄 더 공개되기까지 몇 주는 걸릴 텐데 말이다.

이런 식으로 『안나 카레니나』에 대한 진지한 관심을 키울 수 있으리라고 가정하는 건 타당해 보이지 않는다. 그런데 독자를 긴 이야기 속 아무데나 빠뜨렸다가 다시 재빨리 꺼내면서도 사건이 전개돼온 더 넓은 맥락에 대한 설명을 제공하지 않는 것이야말로, 언론이 우리 사회에 넘쳐나는 중요한 사건들을 기사화할 때 상습적으로 벌이는 일이다. 선거건, 예산 협상이건, 새로운 외교 정책 구상이건, 혹은 정부 복지 시스템의 변화건 간에 그렇다. 우리가 지루해하는 게 이상한 일이 아니다.

3

우리는 너무 가까이에 서 있다. 미술작품에 비유하자면, 흰빛이 감도는 검은 선이 마구 그어진 푸르스름한 자줏빛의 어렴풋한 바탕으로부터 1~2밀리미터 떨어진 지점에서 작품을 감상하라는 것과 다름없다. 이런 위치에서 식별할 수 있는 것에 대해서라면 우리가 목성의 풍경, 멍자국, 선사시대 생물의 발자국 화석을 보고 있다고 해도 무리는 아니지 않을까? 이중 어떤 것도 특별히 끌리는 선택지는 아니지만. 사실 우리는 서양 미술에서 심리학적으로 가장 흥미로운 초상화 중 하나인 티치아노의 〈누비 소매 옷을 입은 남자〉를 그저 잘못된 거리에서 응시하고 있을 뿐이다. 왜냐하면 이 걸작은 자신의 매력을 발휘하기에 앞서 감상자에게 최소 1미터 이상 거리를 두고 서 있으라고 요구하기 때문이다.

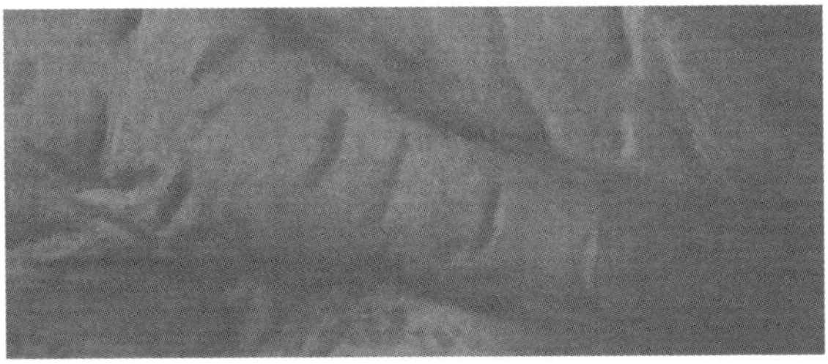

이게 뭔지 알 게 뭐람?

티치아노, 〈누비 소매 옷을 입은 남자〉, 1510년경.

4

지루함은 새로운 도전이자 해결해야 할 과제다. 인류 역사상 사람들을 지루하게 하는 뉴스란 거의 없었다. 존재하는 정보는 소수의 비밀스러운 귀족 통치 계급 수중에 있었다. 뉴스는 극소수의 사람들, 즉 왕, 수상, 군대 지휘관과 무역회사 고위 임원 같은 이들에게만 전달됐다.

이제 뉴스는 모두를 위한 것이 되었지만, 우리의 호기심이라는 바퀴는 데이터로 이루어진 부드러운 진창 속에서 공연히 헛돌 위험에 너무 자주 처한다. 이는 마치 매일 아침식사 전에 근엄하면서도 놀란 표정을 한 공무원이, 어지러울 정도로 많아서 끝내는 지치게 하는 일련의 사안들로 꽉 찬 서류가방을 들고 급히 우리에게 달려오는 것과 같다. '병원 다섯 곳이 이달 말 신용한도를 넘어서리라 예상됩니다.' '중앙은행이 채권시장에서 자금을 마련할 능력을 갖고 있는지 우려하는 목소리가 높습니다.' '베트남으로 향하는 중국 군함이 막 본토에서 출발했습니다.' '캐나다 수상이 만찬에 참석하기 위해 내일 방문합니다.'

우리가 이런 일들에 대해 뭘 생각해야 한다는 걸까? 이 모든 것들은 우리 마음속 어디로 가야 하는 걸까?

5

언론은 자신이 우리에게 매일 전하는 것들이, 몇 달 혹은 심지어 몇

년에 걸쳐 다듬어진 안목을 통해서만 그 진짜 형태와 논리 구조를 대체적으로 파악할 수 있는 이야기의 극히 일부만 뽑아낸 것이라는 점을 인정하길 꺼린다. 따라서 많은 경우 단편적인 문장들보다 장별로 나뉜 이야기를 읽는 쪽이 더 현명하다는 점을 시인하는 데도 우물쭈물댄다. 언론은 제도상 어쩔 수 없이 기사 이면에 있을 더 확실하고 포괄적인 것을 이해하게 되기까지 기다리기보다 어떤 주제에 대해 미심쩍고 불완전할지라도 당장 감을 잡는 쪽이 더 낫다고 암시하느라 여념이 없다.

이런 식의 혼란스러움이 야기할 위험을 고려할 때, 무엇보다 필요한 건 훌륭한 이정표다. '러시아 남자, 변호사에게 상담하다' 같은 기사 제목 아래 어떤 소설에서 발췌한 구절이 있다면 (심지어 『안나 카레니나』가 지닌 힘 일부를 사용한다 할지라도) 짜증스럽게 느껴질 것이다. 하지만 우리가 지금 읽는 것이 결혼생활의 비극적 측면, 특히 모험을 떠나고픈 욕망과 가정생활을 유지해야 한다는 요구 및 사회적 통념에의 순응 사이에서 벌어지는 긴장을 탐구한 1000쪽짜리 빼어난 소설에 포함된 사소하고 살짝 단조로운 부분이라는 사실을 듣는다면, 좀더 흥미를 가지고 다음 연재분을 기대하게 될 것이다.

진지한 관심을 이끌어내느냐 그러지 못하느냐는 기사 내용들이 그보다 큰 범주의 주제에 얼마나 잘 들어맞는지에 달려 있다. 우리는 언론이 이에 대한 우리의 궁금증을 해소하는 데 도움을 주기를 원한다. 어떤 정보든지 관심을 유발하려면 그 정보를 '배치할' 어떤 장소, 다시 말해 우리가 어떻게 받아들여야 할지 이미 알고 있는 쟁점에 해당 정보를 접속시킬 방법이 필요하다. 인간 뇌의 일부는 특정한 기초 범주에 따라 분류된 정보들이 꽂힌 서재로 묘사할 수 있다. 우리가 날마다 접하는 것 대부분은 머릿속 서가의 어느 지점에 보관되어야 하는지 즉각적이고 무의식적으로 명쾌한 신호를 보낸다. 누군가의 연애에 관한 뉴스는 '연애는 어떻게 작동하는가'라고 적힌, 안 그래도 과적 상태인 전용 서가에 꽂힌다. CEO의 갑작스러운 퇴출에 대한 기사는 '일과 지위'와 관련하여 진화중인 이해 능력과 딱 들어맞는다.

하지만 낯설거나 비중이 작은 기사일수록 어느 서가에 꽂아야 하는지 판단하는 것도 더 힘들어진다. 시쳇말로 '따분해진다'는 게 딱 이런 마음이다. 이는 자기보호를 위한 반사작용으로, 정보를 어느 서가에 꽂아야 할지 알아보길 단념하고 내치는 것이다. 이를테면 우리는 한 무리의 중국 관리들이 바다흐샨 주의 국경 경비 문제를 논의하기 위해 아프가니스탄을 방문중이라거나 좌파 싱크탱크가 제약 산업에 대한 과세 적용 기준을 낮추라고 강력히 부르짖고 있다는 정보가 무엇과 관계가 있는지 파악하는 데 애를 먹기도 한다. 그런 오갈 데 없이 떠도는 정보 조각들을, 거기 감춰진 논리를 가장 적절하게 드러내주는 서가로 운반하는 데는 도움이 필요하다.

이런 사서의 작업 중 일부를 떠맡는 것이 바로 언론이다. 자잘한 사건들을 포함하는 더 큰 범주의 주제에 대해 감을 잡도록 해주는 것이다. 토요일 밤 어느 지방도시에서 벌어진 시시껄렁한 공공기물 훼손 사건을 다룬 기사('베드퍼드에서 어린 공공기물 파손범들이 버스정류장에 그라피티를 하다')는 '종교의 도움 없이 도덕적 행동양식을 불어넣고자 하는 자유주의적 세속 사회가 봉착한 어려움'이라는 긴 제목의 드라마에 포함된 미세한 찰나로 간주될 경우 의미가 살아난다. 마찬가지로, 콩고민주공화국 정부의 꼬리를 문 부패 사건을 다룬 소화하기 힘든 기사('콩고민주공화국의 리베이트 협의')는 '국가에 대한 서구의 이해와 혈연집단에 대한 아프리카적 개념 사이에 벌어진 충돌'이라는, 보다 거대하고 근본적인 문제를 암시하는 표제가 있으면 분명해질 수 있다.

적절한 이정표만 세워지면 정부 주택수당 체계 개혁에 대한 유감스러운 설명조차도 회복될 가망이 있다. 『안나 카레니나』가 변호사와 상담하는 러시아 남자의 이야기가 아닌 것처럼, 실제로 이 기사는 제목('시범 운영되는 보조금 정책으로 집세 체납 급증')이 시사하는 바와 그 내용이 서로 다르다. 기사는 극빈층을 보조하는 최선의 방법에 대한 현대 국가의 계속되는 탐구를 다룬 것이다. 복지란 것이 수혜자들의 존엄을 지켜주고 삶을 지원해주는 것인지, 아니면 의존성을 키움으로써 그들에게 미묘한 굴욕을 안기는 것인지에 대한 100년에 걸친 논쟁의 일부라는 뜻이다. 이 기사는 '보조금이 인격에 어떤 영향을 미치는가' '원조의 심리학', 혹은 보다 듣기 좋고 추상적으로 표현하자면 '빈곤에 대한 책임' 같은 제목이 달린, 여러 장으로 나뉜 이야기의 한 에피소드인 셈이다.

6

우리가 뉴스와 얽힌 정도에 비하면 안타깝게도 많은 언론기관 내부에는 공정하고 중립적인 '사실' 보도가 가장 품격 있는 저널리즘이라는 편견이 광범하게 퍼져 있다. 이를테면 CNN의 슬로건은 '여러분께 사실을 제공합니다'이다. 네덜란드의 NRC 한델스블라트는 '의견이 아닌, 사실을 전달하는' 자신들의 능력을 줄기차게 홍보한다. BBC는 자기네가 '세상에서 가장 믿을 만한 소식통'이라고 큰소리친다.

이 '사실'이 지닌 문제는 오늘날 신뢰할 만한 사실 보도를 찾는 데 전혀 어려움이 없다는 것이다. 정작 문제는 우리가 더 많은 사실을 알아야 한다는 데 있는 게 아니라, 우리가 접한 그 사실들을 어떻게 받아들여야 할지 모른다는 데 있다. 매일같이 새로운 뉴스가 쇄도한다. 우리는 스탠더드 앤드 푸어스가 국가신용등급을 재검토하고 있다는 사실, 정부 지출을 확대하는 법안이 가결됐다는 사실, 투표권 행사 제한이 위원회에 회부되었으며 천연가스 수송관 계획이 입안되기 시작했다는 사실을 알게 된다. 하지만 이런 것들이 진정 **의미하는** 바가 뭐란 말인가? 이 사실들은 정치적 삶의 핵심적 질문들과 어떻게 연결되는 걸까? 이 뉴스들은 우리가 뭘 이해하도록 돕는 걸까?

사실의 정반대에 있는 것은 **편향**이다. 진지한 저널리즘의 영역에서 편향은 무척 악명이 높다. 그것은 악의적인 의제, 거짓말, 대중의 자유로운 의사 결정권을 부정하는 권위주의적 시도와 동의어다.

하지만 우리는 어쩌면 편향에 대해 좀더 관대해져야 할지도 모른다. 순수한 의미에서 편향은 사건을 평가하는 방법을 뜻할 뿐이다. 그리고 이는 인간의 기능과 활동에 관한 일관되면서도 근본적인 논지에 의해 인도된다. 편향은 현실 위를 미끄러져들어감으로써 더 명확하게 사건을 들여다보는 것을 목적으로 하는 한 쌍의 렌즈다. 편향은 사건이 의미하는 바를 설명하려 분투하고 개념이나 사건을 판단할 수 있는 가치의 척도를 제시한다. 편향을 벗어나려는 행동은 그 자체로 지나친 시도로 보인다. 오히려 우리의 임무는 편향된 시각이 생산한 더 믿을 만하고 유익한 뉴스에 올라타는 방법을 찾는 것이다.

삐걱거리는 몇몇 우파와 좌파 집단들이 편향이라는 개념에 관한 우리의 인식을 장악했을지언정, 궁극적으로는 삶에 대한 시각만큼이나 수많은 편향들이 존재한다. 우리 자신과 세계 사이로 미끄러져 들어오는 가치 있는 렌즈들은 수없이 많다. 예를 들어 월트 휘트먼이나 제인 오스틴, 찰스 디킨스나 석가모니의 고유하게 편향된 시각에 따라 뉴스를 해석할 수도 있다. 모종의 정신분석학적 편향을 가진 언론 매체를 상상해볼 수도 있다. 아랍과 이스라엘의 분쟁에서 양쪽 모두의 죄의식과 질시에 초점을 맞춘다든지, 정치적 논쟁에서 보이는 투사projection 개념에 민감해서 경제 규모가 0.1퍼센트 줄어들었으니 나라 전체가 '우울증'에 걸렸다거나 실은 1.3퍼센트 확장됐으니 행복은 필연적이라거나 하는 주장에 대해 무척이나 회의적인 매체 말이다.

언론이 칭찬받을 만한 지점은, 사실을 모으는 단순한 능력이 아니라 그 사실들의 타당성을 알아내는 (지적 편향을 통해 갈고닦은) 기술이다.

7

현대 정치의 핵심에는 모든 시민이 (작지만 지극히 중요한) 국가의 통치자라는 장엄하고도 아름다운 사상이 있다. 뉴스는 이 약속을 충족시키는 핵심적인 역할을 맡는다. 왜냐하면 뉴스는 우리가 우리의 지도자들을 만나 그들이 국가를 이끄는 데 적합한지, 작금의 가장 시급한 경제적 사회적 난관을 뚫고 우리의 처지를 개선할 수 있는지 평가하는 데 통로 역할을 하기 때문이다. 언론은 결코 민주주의의 부수적 존재가 아니다. 언론은 민주주의의 보증인이다.

하지만 현재 우리 앞에 놓인 뉴스는 조율, 선별, 관리 작업에 있어 한심하리만치 서투르다. 우리는 뉴스 의제가 계속 바뀌는 바람에 정신이 너무 산만해져서 어떤 정치적 입장도 개진할 수 없게 될 위험에 처해 있다. 어쩌면 그 수많은 잔인무도한 사건 중에 나에게 정말 문제시되는 게 무엇인지 놓칠 수 있다. 불과 몇 시간 전에 내가 그토록 열렬히 관심을 기울이고 있다고 생각했던 사건이 뭐였는지를 깜박할 수도 있다. 사회가 전대미문의 복잡한 수준에 이른 바로 그 순간에, 우리는 성급하게도 모든 본질적인 사안들이 과감하게 요약될 수 있기를 기대하기에 이르렀다. 뉴스가 조명하는 문제들의 규모와 직면하게 되면, 개인의 주체성은 모호한 것처럼 느껴질뿐더러 진부한 것인 양 보이기 시작할 수 있다. 뉴스를 접하면서 정치적 해결 가능성을 타진해볼 수 있기보다는, 개선 불가능하고 근본적으로 혼란스런 우주 속에 던져진 듯한 무상함을 느끼게 된다.

8

한때 종교가 가졌던 것과 동일한 특권적 지위를 이제 뉴스가 점유하고 있다는 헤겔의 주장은, 뉴스와 종교가 각기 관장하는 지식 영역 사이의 중요한 차이를 간과하고 있다. 전통적으로 종교는 우리가 무언가에 집중하는 데 무척이나 서투르다는 점을 특히나 예민하게 감지해왔다. 뉴스와 마찬가지로 종교는 우리에게 날마다 중요한 일들을 말해주고 싶어한다. 하지만 뉴스와 달리 종교는 자신이 너무 많은 말을 한꺼번에, 게다가 한 번만 하고 끝내버린다면 우리가 **아무것도** 기억하지 못하고 **아무것도** 행하지 않으리라는 걸 안다.

따라서 종교는 자기가 준비한 상차림을 날마다 조금씩 떠먹여주는 데 신경을 쓰면서 끈기 있게 몇몇 주제를 습득하도록 한 뒤 계속해서 그 주제로 돌아간다. 반복과 연습은 주요 신앙의 교육법에서 핵심을 이룬다. 종교는 성급하고 격정적인 방식으로 필수적 대의를 알려주는 게 별무소용임을 안다. 종교는 우리를 엄숙한 장소에 앉히고 마음을 가라앉힌 다음 공포보다는 위엄이 넘치는 간절함을 담아 말을 건넨다. 우리의 생각과 행동에 영향을 주기 위해서는 우리가 그들의 사상으로 매일 그리고 매주 돌아오도록 해야 한다는 사실을 알고 있기 때문이다.

9

민주정치의 진정한 적은 다름아닌 뉴스에 대한 적극적인 검열이라고 여기기 쉽다. 따라서 무엇이건 발언하고 출판할 자유가 문명 세계의 당연한 동지라고 생각하기도 쉽다.

하지만 현대사회는 정치적 의지를 가진 사람들의 진을 빼는 데 검열보다 훨씬 더 교활하고 냉소적인 힘이 존재한다는 사실을 가르쳐준다. 이 힘은 사람들 대다수를 **혼란스럽고**, **따분하고**, **정신 사납게** 만들어 정치로부터 멀어지게 하는 일에 관여한다. 그리고 이는 가장 중요한 사안의 맥락을 대다수 대중이 단 한순간도 붙잡을 수 없도록 무질서하고, 복잡하고, 단속적인 방식으로 사건들을 보도하는 행위를 통해 이루어진다.

권력을 공고히 하길 소망하는 당대의 독재자는 뉴스 통제 같은 눈에 빤히 보이는 사악한 짓을 저지를 필요가 없다. 그 또는 그녀는 언론으로 하여금 닥치는 대로 단신을 흘려보내게만 하면 된다. 뉴스의 가짓수는 엄청나되 사건의 배경이 되는 맥락에 대한 설명은 거의 하지 않고, 뉴스 속 의제를 지속적으로 바꾸며, 살인자들과 영화배우들의 화려한 행각에 대한 기사를 끊임없이 갱신하여 사방에 뿌림으로써, 바로 조금 전 긴급해 보였던 사안들이 현실과 계속 관계를 맺은 채 진행중이라는 인식을 대중이 갖지 않도록 조처하기만 하면 된다. 이 정도면 대다수 사람들이 가진 정치적 현실을 파악하는 능력을 약화하는 데 충분할뿐더러, 이런 조치를 취하지 않았을 경우 사람들이 정치 현실을 바꾸기 위해 끌어냈을 결의를 훼손하는 데도 충분하다. 현상태는 뉴스를 통제하기보다 오히려 흘러넘치게 할 때 오래도록 충실하게 유지될 수 있다.

정치 뉴스가 따분하다는 대중적 인식은 결코 사소한 문제가 아니다. 뉴스가 프레젠테이션 기술을 통해 대중의 호기심을 불러일으키고 관심을 모으는 데 실패할 때, 사회는 자신의 딜레마를 붙들고 고심하는 일에 위험할 정도로 무능해지고, 따라서 사회를 변화시키고 개선하려는 대중적 의지도 결집될 수 없기 때문이다.

하지만 그저 사람들에게 '진지한' 뉴스를 좀더 많이 소비하라고 겁을 주는 것은 해답이 아니다. 소위 진지한 뉴스 매체들에게, 대중을 적절히 사로잡을 수 있는 방식으로 중요한 정보들을 전달하는 방법을 배우라고 압력을 행사해야 한다. 진지한 기삿거리라는 게 원체 좀 지루하고, 대개 그렇게 될 수밖에 없다는 주장은 너무 안이하다. 한편에는 사려 깊지만 무기력한 가르침을 제공하는 매체가 있고, 다른 한편에는 책임감 따위 획 벗어버린 선정주의를 공급하는 매체가 있다는 식의 현재의 이분법을 초월하는 것이야말로 진정한 도전이다.

미래의 이상적인 언론기관에서는 사건들을 맥락화하고 대중화하는 야심찬 과업이 아주 진지하게 이루어져서, 복지수당에 대한 기사가 근친상간을 하고 인육을 먹는 오스트레일리아의 주민들에 대한 기사만큼이나 (거의 대등할 정도로) 흥미진진해질 것이다.

작은 희망

30년 만에 일어난 최악의 폭동 속에서 맨체스터 시의 중심부는 아홉 살 먹은 어린 약탈자들에 의해 갈가리 찢겨나갔다. 수백 명의 젊은이와 '야만적인' 어린아이들이 거리를 폭풍처럼 휩쓸면서 창문을 부수고 의류와 휴대전화와 보석류를 훔쳤다. 경찰이 약탈을 저지르는 무리를 잡고자 도시 전체에 걸쳐 고양이가 쥐를 쫓듯 추격을 벌이는 와중에 상점과 쓰레기통에는 불이 붙었다. 전날 경찰 수뇌부는 난동의 규모가 워낙 커서 '속수무책이었고', 인근 군부대에 지원을 요청해야 했다는 사실을 시인했다.

〈데일리 메일〉

1

우리는 어떤 나라에 살고 있는 걸까? 여기 사는 평균적인 인간들은 어떤 사람들일까? 우리는 이 나라에 사는 걸 두려워해야 할까, 안도해야 할까? 자랑스러워해야 할까, 수치스러워해야 할까?

가장 먼저 인정해야 할 점은 자신이 겪은 경험만으로는 이 질문에 답할 수 없다는 사실이다. 한 나라를 파악하기란 무척 어려운 일이다. 가장 작은 나라에조차 수많은 사람이 살고 있어서, 한 개인이 아무리 왕성하게 사교적인 인생을 보낸다 해도 그 나라 국민의 일부 이상을 만날 거라고는 기대할 수 없다. 더군다나 시민들이 직접 교류할 수 있는 대규모의 공공장소는 그리 많지 않다. 쇼핑몰에서 새 친구를 사귀거나 영화관에서 이웃 주민들에 대해 큰 깨달음을 얻는 일이 자주 일어나는 건 아니다. 한때는 그런 일이 조금은 더 쉬웠을지도 모른다. 예를 들어 고대 아테네에서는 좋은 날씨와 작고 응집력 있는 도시 중심부와 (최소한 몇몇에게는 해당되었던) 민주적 분위기의 연회 문화 덕에, 사회 전체의 맥동을 직접 짚어볼 수 있는 기회를 분명 정기적으로 가질 수 있었다. 하지만 우리는 그렇게 축복받은 존재가 아니다. 도시는 너무 크고, 날씨는 심하게 예측 불가능하며, 민주주의는 지나치게 간접적인 방식으로 작동하고, 각 가정은 지나치게 멀찌감치 떨어져 있다.

따라서 우리는 자신이 속한 공동체에 대한 인상을 간접적인 방식을 통해 실제보다는 상상 속에서 구성하는 처지에 놓이게 되는데,

특히 두 가지의 도움을 받는다.

2

이중 첫번째는 건축이다. 건축의 외관, 즉 한 나라의 거리, 주택, 사무공간, 공원의 총체를 통해 그것들을 설계하고 거기에서 살아가는 사람들의 정신적 초상이 드러난다.

만약 당신이 현대 네덜란드의 특징을 이해하기 위해 암스테르담 동쪽 부둣가 지역을 배회하고 있다면, 당신은 오로지 건축양식만을 근거로 네덜란드 사람들이 진취적이고 활기차고 평화를 사랑하고 가족을 중시하는 이들이며, 그래서 그들을 더 알고 싶고, 그들의 존재가 희망과 안정의 근원처럼 보인다는 결론을 내릴지도 모른다.

이를 도시 강변 재개발 계획에서 뿜어져나오는 또다른 메시지와 대조해보자. 런던 노스 울위치에 있는 피어 퍼레이드의 한 구역이다. 물때가 낀 채 버려지고 금이 간 콘크리트 건물들은, 이곳에서 기대할 수 있는 건 좌절뿐이며 논쟁을 해결하는 최선의 방법은 윽박지르거나 총을 쏘는 것뿐이라고 말해준다. 웃음과 순수함은 환영받지 못하는 듯하다.

물론 우리가 언제나 이런 건축적 단서를 따라야 하는 건 아니다. 우리는 암스테르담의 부두에서도 화가 나고 풀이 죽을 수 있으며 피어 퍼레이드에서 활기와 도전적 에너지로 충만해질 수도 있다. 딱히

암스테르담의 부두(위)와 런던의 부두(아래).

'다른 사람들'이
어떤 이들일지에 대한
상반된 상상.

그럴 성싶지는 않지만 말이다.

3

우리가 타인들의 특징을 파악해볼 수 있는 두번째 수단은 당연히 뉴스다. 뉴스야말로 직접 만날 수 있는 것보다 훨씬 더 넓은 범위의 사람들을 소개해주고, 그들에 얽힌 이야기와 그에 대한 평가를 통해 우리가 사는 나라가 어떤 곳인지 그 개념을 마음속에 차츰 형성시켜 준다.

그래서 매일 우리가 뉴스를 따라가다보면 주위 사람들에 대한 극도로 어두운 진실들을 알게 된다고 믿을 수 있는 것이다.

네 살 아들을 굶겨 죽인 혐의로 기소된 여인

성도착자 모임 멤버들이 한 희생자가 그들을 경찰에 신고하려고 하자 그녀의 얼굴 껍질을 벗기고 아기 목을 베어버리겠다고 협박하다

아내를 사슬로 묶어 지하실에 가둔 후 개목걸이용 쇠사슬로 채찍질한 남자

교회에 다니는 51세 여성이 일자리를 얻지 못한 딸을 독살하기 전, 자신이 증오하던 남편과 벌레만도 못한 아들을 죽이려고 부동액을 사용하다

공장 노동자가 과일을 따던 13세 소녀 둘을 성폭행하다

비행기 조종사가 모욕감을 느꼈다는 이유로 부유한 아내를 몽둥이로 때려 숨지게 하다

두 의사 사이의 '파국적인' 의사소통 결여로 인해 유아가 병원에서 과다출혈로 숨지다

고기 자르는 칼로 옛 여자친구의 손을 자르려 한 남자

〈데일리 메일〉

4

이런 기사들은 우리가 상상할 수 있는 것보다 더 큰 충격을 준다. 수백만 명이 매일같이 이런 기사들을 읽는다. 웬만한 소설보다도, 우리 친구들 중 몇몇보다도 훨씬 흥미롭다. 우리에게 그럴 의도가 없음에

도 어느새 기사들은 우리 마음에 스며들어 타인에 대한 우리의 시각에 영향을 미친다. 이런 기사들을 읽고 나면 많은 일들이 더 견디기 힘들어진다.

희망을 갖기는 더 어려워진다.

영국이 삼중의 경제난에 직면하다

택시를 잡는 것도 위험하게 느껴지고,

성범죄 전담 판사가 콜택시 안에서는 어떤 여성도 안전하지 않다고 경고하다

기차를 타는 것도 그렇다.

노숙자가 기차역 승강장에서 84세 여성을 떠밀어 살해한 혐의로 유죄 판결을 받다

아플까봐 걱정인데,

'지금껏 출현한 것 중 가장 치명적인' 조류독감 바이러스가 감염자 중 3분의 1을 사망에 이르게 하다

병원에 가도 걱정이다.

39세 환자가 물 한 모금 마시지 못하고 '이례적일 정도로 방치

된 채' 8시간을 대기하다 사망하다

누구는 다시 젊어졌으면 좋겠다 싶고,

마일리 사이러스가 선정적인 하얀색 밀착 팬츠에 허벅지까지 올라오는 검정색 부츠 차림으로 아침 방송에서 난잡한 퍼포먼스를 펼치다

누구는 순수함에 대한 믿음을 완전히 잃는다.

여교사가 16세 제자에게 마리화나를 주고 8번도 넘게 성관계를 갖다

누구는 남의 몸매를 걱정하고,

클로이 세비니가 드라마 〈오렌지 이즈 더 뉴 블랙〉• 시사회에서 프린트 핫팬츠를 입고 각선미를 과시하다

우리가 늙으면 사람들이 우리를 어찌 평가할지 알게 된다.

멕 라이언의 얼굴에 무슨 일이?

누구는 새를 걱정하고,

• 〈Orange Is the New Black〉: 케이블 채널 넷플릭스가 제작한, 여자 교도소를 배경으로 한 미국 드라마.

식사 중 샐러드 팩에서 죽은 새를 발견한 손님들이 경악하다

누구는 곤충을 걱정한다.

채소 샐러드 속에서 살아 있는 거대한 이집트 메뚜기를 발견한 여성

누구는 정치가가 밉지만,

유럽연합 지도자들이 브뤼셀 본부의 예산을 더이상 절약할 여지가 없다고 주장하면서 점심에 120파운드짜리 와인을 벌컥벌컥 마셔대다

누구는 보통 사람들에 대해서도 더는 희망을 갖지 못한다.

휠체어를 탄 59세 평등정책 고문이, 트래블로지에서 다섯 살 여자아이 그리고 아이의 모친과 성관계를 가지려 해 수감되다

누구에겐 남자가 무서운데,

한 아버지가 여자친구와 싸운 직후 11개월 된 아들을 난폭하게 흔들고는 바닥에 던져 살해하다

또 누구에겐 여자도 만만찮게 무섭다.

43세 어머니가 십대 딸의 14세 남자친구와 성관계를 가진 혐

의로 체포되다

누구는 자기 인생이 얼마나 촌스러운지 실감하고,

스타들이 총출동한 갤러리 파티가 끝난 뒤, 케이트 모스와 나오미 캠벨이 그레이스 존스와 함께 새벽 5시까지 파티를 벌이다

자기 연애가 얼마나 밋밋한지도 실감한다.

신혼여행이 끝나지 않을 것처럼 — 키이라 나이틀리가 남편 품에서 떨어질 줄 모른다

인간이라는 종에 절망하지 않을 이유가 얼마 없지 싶다.

7세의 수리 크루즈가 자신만의 패션 브랜드를 론칭하다

〈데일리 메일〉

5

어째서 이 모든 것을 우리에게 이야기하기로 결정했냐고, 그리고 어째서 우리를 이 때문에 살짝 미치게 하냐고 묻는다면, 뉴스는 자기에겐 선택의 여지가 없다고 냉정하게 대답할 것이다. 그저 우리에게

'진실'을 이야기할 의무가 있을 뿐이라면서. 한 나라에서 어떤 일이 벌어지는지를 뉴스가 **결정하는** 건 아니다. 기사는 꾸며낸 게 아니다. 아버지는 실제로 11개월 된 아들을 살해했다. 휠체어를 탄 평등정책 고문은 실제로 트래블로지에서 다섯 살 여자아이와, 아이 엄마와 성관계를 맺으려 했다. 이런 충격적이지만 본질적인 현상들을 대중에게서 떼어놓는 건 저널리즘의 의무를 배반하는 일이 될 것이다. 의사가 과감한 처방을 내리는 것과 마찬가지로, 저널리스트는 점잔 빼지 않고 솔직하게 국가의 실상을 공유해야 한다.

6

하지만 이런 답이 전적으로 진실한 건 아니다. 어느 나라의 어느 시점이든 그 땅에서 벌어지는 일에 대한 엄청난 양의 모순된 정보가 존재한다. 소아성애 살인마가 여럿 활동하고 있겠지만, 반면 학대와 구타로 어린이를 사망에 이르게 하는 것에 반대하는 수천만의 사람들도 있을 것이다. 어떤 이들은 불륜을 저지른 배우자를 고기 자르는 칼로 살해하려는 충동에 이끌릴 수 있겠지만, 사람들 대다수는 울고불고 하며 분노에 차 되는 대로 살아가는 길을 택할 것이다. 경제적 어려움으로 지쳐버린 울적한 주민들이 있겠지만, 그와는 반대로 사람을 주눅들게 하는 역경에 직면해서도 이내 기운을 회복하는 많은 이들이 있을 것이다. 어떤 사람들은 길에서 난동을 부리고 구토를 하고, 가게 창문을 깨고 약탈한 술을 들고 달아나겠지만, 사람들 대부분은 정원에 핀 꽃을 손질하거나 주방을 정리하는 일을 더 하고 싶어할 것이다. 몇몇 사람들은 언제나 번쩍거리는 파티에 가겠지만, 훨씬 더 많은 이들은 평범한 삶이 주는 우아함과 기쁨, 존엄과 자유를 받아들일 것이다. 살이 쪄서 몸매가 망가지는 것을 속상해하기 쉽지만, 자기를 돋보이게 하고 깊은 인상을 심어주는 데는 늘씬한 다리를 드러내보이는 것보다 나은 방법이 있다.

참 이상한 일이긴 한데, 동전의 훨씬 유쾌한 쪽은 결코 뉴스가 되지 않는다. 사실이어도 매체에는 실지 못할 기사들이 넘쳐난다.

87세 할머니가 일면식도 없는 15세 행인의 도움으로 철도역 층계를 세 계단 오르다

교사가 어린 제자에 대한 감정을 극복하다

아내를 죽이려던 경솔한 계획을 한숨 돌리고 나서 단념한 남자

6500만 명의 사람들이 매일 밤 누군가를 죽이거나 때리지 않고 잠자리에 들다

수없이 많은 버전의 '현실'이 존재하기에, 실재하는 국가와 언론기

관들이 날마다 확고한 태도로 보도하는 국가가 같은 것이라고 보기조차 어렵다. 뉴스는 스스로를 현실을 그려내는 권위 있는 초상화가라고 제시할지도 모른다. 뉴스는 실제로 무슨 일이 벌어지고 있는가 하는 대단히 난감한 질문에 답을 갖고 있다고 주장할지 몰라도, 현실을 있는 그대로 옮겨놓는 빼어난 능력은 없다. 뉴스는 어떤 이야기를 조명하고 어떤 이야기를 빼버릴지 선택하면서 단지 현실을 선택적으로 **빚어낼 뿐이다**.

여기에는 거대하면서도 대체로 파악할 수 없는 힘이 깃들어 있다. 이는 시민들이 서로에 대해 갖게 되는 이미지를 조합하는 힘이고, '다른 사람들'이 어떤 이들일지에 대한 우리의 생각을 구술하는 힘이고, 우리의 상상 속에 한 국가를 건설하는 힘이다.

이 힘은 무척이나 중요하다. 왜냐하면 뉴스가 전개하는 기사들은 실로 자기 결정적인 효과를 발휘하기 때문이다. 만약 우리의 동포 다수가 미쳐 날뛰는 폭력적인 인간이라는 소리를 규칙적으로 듣는다면, 우리는 밖에 나갈 때마다 두려움과 불신으로 가득찰 것이다. 돈과 사회적 지위가 무엇보다 중요하다는 암묵적인 메시지를 전달받는다면, 우리는 평범한 생활에 굴욕감을 느낄 것이다. 정치가들이 모두 거짓말을 한다는 암시를 받는다면, 우리는 이상주의와 순수함을 조용히 치워버리고 정치가들의 계획과 선언을 죄다 조롱할 것이다. 경제가 충만함의 가장 중요한 척도이며 향후 최소 10년간 재앙 같은 상황이 닥치리라는 말을 듣는다면, 우리는 다시는 충분한 자신감을 품은 채 현실과 대면할 수 없을 것이다.

7

하지만 뚜렷이 사방을 둘러싸고 있는 재앙에 절망하기 전에, 우리는 뉴스란 기본적으로 밖에서 벌어지는 일을 설명하는 한 묶음의 이야기에 불과하다는 것을, 그 이상도 이하도 아니라는 사실을 기억해야 한다.

우리의 국가가 그저 절단된 손, 불구가 된 할머니, 지하실에 죽어 있는 소녀 셋, 당혹스러워하는 수상, 수조 파운드에 달하는 부채, 기차역에서의 동반자살, 그리고 해안 지대에서 벌어진 치명적인 오중 추돌 사고만으로 이루어진 것은 아니다.

우리의 국가는 바로 이 순간 지켜보는 이 하나 없는 가운데 교회 첨탑 위를 흘러가고 있는 구름이기도 하다. 소매를 걷어붙인 환자의 팔에 주사를 놓는 동안 의사의 마음속에 피어오르는 온화한 마음이기도, 산울타리 옆 들쥐이기도, 어머니가 자애로이 지켜보는 동안 갓 삶은 달걀의 표면을 톡톡 두드리는 꼬마이기도, 능숙하면서도 용감하게 영해를 순찰중인 핵잠수함이기도, 새로운 엔진의 첫 시제품을 제작중인 공장이기도, 엄청난 도발과 몰인정한 언사에도 불구하고 인내와 용서의 새로운 비축분을 발견해내는 배우자이기도 하다.

이 또한 현실이다. 뉴스가 제공하는 국가에 대한 소식들이 국가 **그 자체**는 아니다.

8

어째서 언론은 어두움에 그렇게 과도하게 초점을 맞출까? 어째서 잔인함에 그렇게 초점을 맞추면서 희망에는 거의 주목하지 않는 걸까? 그들은 뉴스 수용자들이 원체 순진하고 근심이라고는 없는데다 스스로를 흡족해하는 사람들이어서, 현실의 부정적인 측면들을 좀 가르쳐줄 필요가 있다고 생각하는지 모른다. 타인에 대한 기대를 재조정하고, 할 수 있다면 안전 대책을 마련하도록 말이다. 이런 생각은 뉴스의 어두운 현실주의가 없을 경우 국가가 자신의 문제를 얼버무리고 어리석게도 스스로에게 만족하는 위험한 경향으로 되돌아갈 것이라는 가정에 기반을 둔다.

이런 논지에 담긴 논리를 잠시 차치하더라도, 이런 가정은 뉴스가 보도 내용을 어떻게 관장하려고 하는지에 대해 그 시사점을 제공한다. 끝없이 쏟아져나오는 잠재적 기삿거리에 맞닥뜨리면, 언론은 지금 국가에 가장 **필요한** 것이 무엇인가 하는 질문에 답이 되는 것을 골라내기 마련이다. 특정 시점에 국가가 (자신의 약점을 벌충하기 위해) 가장 귀기울일 필요가 있는 게 무언지가 뉴스 기사 목록 막후의 선정 과정을 결정짓는 것이다.

이 논리는 오늘날의 언론에 낯선 게 아니다. 정말 문제가 되는 것은 국가에 실제로 필요한 게 무엇인지에 대해 그들이 내리는 판단이다. 대부분의 국가는 자신이 처한 조건에 대해 장밋빛 전망을 갖지 않고, 자신을 지나치게 믿지도 않으며, 어리석은 희망 같은 건 품지도 않는다. 오히려 정반대로 행동한다. 국가는 미디어가 현재 암묵적으로 내리는 진단과는 다른 이유로 위험에 처해 있다. 국가는 과도한 두려움과 걱정, 침울함 때문에 기회를 날린다. 국가는 자기가 가진 장황한 문제들의 목록에는 지나치게 익숙하지만 정작 그 문제들에 직면하면 나약하고, 소극적이고, 침체된 기분을 느끼는 듯하다. 국가는 오래전부터 시작된 몰락을, 망가진 관계를, 통제가 안 되는 십대들을, 불안을, 물리적 취약성과 경제적 파멸을 보지 못한다.

이 지점에 뉴스의 임무가 있다. 사회가 저지른 최악의 실패를 우리에게 날마다 상기시키는 것만이 아니라, (이따금) 자부심과 회복력과 희망을 갖출 수 있는 능력을 교육하고 지도하는 것 말이다. 국가의 쇠락이 오로지, 혹은 대체로 감상적인 낙관주의에 의해서만 촉발될 수 있는 건 아니다. 미디어가 유도한 임상적 우울증에 의해서도 일어날 수 있는 것이다.

9

긍정적인 것을 이따금씩 선보이는 게 유용하게 작용하는 예는 건축에서 찾아볼 수 있다. (노스 울위치에서 1마일도 안 떨어진 곳에 위치한) 2012년 런던 올림픽 벨로드롬* 설계팀은 영국이 수많은 도전(계급 양극화와 경제적 불평등, 교육의 실패와 주택 부족, 높은 비율의 가정 파탄과 예의범절과 도덕성의 추락 등)에 직면해 있다는 사실을 잘 알았지만, 이번 경우에는 그 점을 괘념치 않기로 결정했다.

대신 그들은 공손함, 현대성, 계급 간의 화합, 자연과의 조화를 웅변적으로 표현하면서 우뚝 서 있을 구조물을 창조하기로 하고, 이러한 미덕들이 유리, 강철, 미국삼나무로 덮인 사이클 경기장의 아티큘레이션••을 통해 나라 전체에 보다 선명하게 드러나기를 희망했다. 이 건축물은 듣기 좋은 말로 가득한 수필이었다. 이 건물은 나라 안에 이미 바람직한 미덕이 널리 퍼져 있다고 넌지시 내비쳤다. 사실 그런 가치들은 겨우 발생하는 단계이거나 일시적으로 드러났을 뿐인데도.

우리는 이런 감언이설을 감상적이고 위험하며 현실을 외면하는 행위로 생각하는 데 익숙하지만, 이는 칭찬이 현실을 얼마나 바꾸어놓을 수 있는지 과소평가하는 것이다. (이웃집 아이에게 장난감을 내준) 태어나 처음 베푼 소박한 친절 때문에 칭찬을 받고 훌륭하다는 말까지 들은 여자아이는, 현재 자신의 실제 모습을 뛰어넘어 성장하는 방향으로 이끌린다. 이미 그런 존재라고 칭찬을 들었을 때 묘사된 바로 그 사람으로 자라나게 되리라고 짐작할 수 있는 것이다.

건축이 그랬듯 뉴스도 달콤한 말을 건넬 수 있다. 늘 그러듯 대참사와 사악한 사건에 보도의 초점을 맞추면서도, 뉴스는 국가가 어려

• Velodrome: 주로를 비탈지게 만든 사이클 전용 경기장.

•• 건축물의 주요 공간을 구성하는 각부 요소들의 특색을 강조하면서, 그 부분들이 건축물 전체와 어떤 조화를 이루는지에 주목하는 건축의장의 한 방식.

2012년 런던 올림픽 벨로드롬.

공손함, 현대성, 계급 간의 화합,
자연과의 조화를 웅변적으로 표현한다.

움을 헤치고 나아가며 진로를 정하는 데 필요한 작은 희망을 증류하고 응축하는 핵심적인 기능을 이따금 수행해야 한다. 뉴스는 사회의 악행을 폭로하고 그 고통을 직시함으로써 사회를 돕는 한편, 선함과 용서와 분별력을 충분히 갖춘, 구성원들이 기여하기를 원하는 가상의 공동체를 구축하는 중요한 임무 또한 소홀히 해서는 안 된다.

두려움과 분노

운석으로 수백 명이 부상을 입으면서 공황 상태에 빠지다 **NBC**

이형폐렴 확산될 듯 **〈시드니 모닝 헤럴드〉**

사무용 의자가 치명적일 수 있다 **『비즈니스 위크』**

전자책, 어린이들에게 해로워 **〈가디언〉**

난장판 속 정치의 미래 **CNN**

의회의 용납할 수 없는 실책 **〈데일리 텔레그래프〉**

1

뉴스와 오래 시간을 보낼수록 몹시 익숙해지게 될 두 가지 감정은 두려움과 분노다.

뉴스는 이 세상에 두려워할 것들이 아주아주 많다는 사실 속에 우리를 분명하게 놓아둔다. 외계 물체, 돌연변이 바이러스, 사무용 가구, 과학기술…… 이외 수많은 재난들과 관련해 뉴스는 우리로 하여금 소심함, 공포, 나약함 중 하나에 확실하게 빠지도록 한다. 인류가 직면한 난관을 극복하고 우리가 살아남을 수 있는 가능성은 극히 미미하게 여겨진다. 습관적으로 뉴스 헤드라인을 따라잡다보면 아주 살짝 높아지기야 하겠지만.

2

우리의 두려움을 부채질하는 데, 뉴스는 잔인하게도 원근감에 대한 우리의 나약한 지각 능력을 악용한다.

시각예술에서, 원근감을 갖는다는 것은 서로 다른 사물들을 실제의 공간적 관계 속에서 볼 줄 아는 능력이 있음을 의미한다. 떨어져 있는 건 멀고 작게, 가까이 있는 건 가깝고 크게. 화가들이 캔버스에 원근감을 표현하는 법을 배우는 건 놀라우리만치 어렵다. 이는 이 기술이 우리 삶의 다른 영역에서도 똑같이 지난하다는 사실을 시사한다.

이를 뉴스에 적용해보면, 원근감을 갖는다는 것은 지금 누가 봐도 분명 충격적인 사건을 인류가 역사 전체에 걸쳐 겪은 경험과 비교하는 능력과 연결된다. 이 사건이 사실상 어느 정도의 관심과 우려를 요하는지 헤아리기 위해서 말이다.

마음속에 원근감을 갖고 있으면, 우리는 (뉴스가 암시하는 바와 정반대로) 어떤 것도 전적으로 새로운 게 아니며, 아주 일부의 사건만이 진실로 놀라운 것이고, 정말로 무시무시한 건 거의 없다는 사실을 이내 깨닫게 된다. 혁명은 역사의 종말을 의미하지 않는다. 그것은 소소하면서도 복잡한 갖가지 방식으로 많은 것들을 바꿀 뿐이다. 경제지표는 암울하지만 우리는 지난 세기에 이와 비견할 만한 경기 하락을 헤쳐왔으며, 심지어 최악의 시나리오조차도 우리가 고작해야 수십 년 전, 그러니까 여전히 살 만했던 시절 누렸던 삶의 수준으로 돌아갈 거라고 예견한다. 심각한 조류독감이 해외여행에 지장을 주고 현재 알려져 있는 치료제를 잠시 무력화할 수도 있겠지만 머지않아 연구소들이 병을 파악하고 억제할 것이다. 홍수는 극적으로 보이지만 결국 인구의 일부에만 영향을 끼칠 뿐이며 곧 물러갈 것이다. 암과 심장마비는 우리가 끝내 완전히 이해할 수 없을지도 모를 복합적인 원인에 의해 발생하지만, 그렇다고 영원한 생명이 토론거리가 된 적은 없다. 로마는 멸망했지만 600년 뒤 거의 모든 것이 정상으로 돌아갔다.

평정을 유지할 수 있는 능력은 궁극적으로 우리의 기대 수준에 달

영국을 휩쓴 심각한 홍수로 피난을 떠난 마을

햄프셔 주 월링턴은 침수 피해를 입은 영국의 수많은 지역 중 한 곳이다. 운전자들은 도로에서 오도 가도 못하고 있고, 자동차는 물에 잠겼으며, 이동식 주택이 유실되고 있기까지 하다.

〈데일리 텔레그래프〉

려 있다. 만약 우리가 대부분의 일들이 대체로 좀 실망스러운 것으로 밝혀진다고 (하지만 그래도 괜찮다고) 생각한다면, 변화란 천천히 일어난다고 (하지만 인생도 길다고) 여긴다면, 사람들 대부분이 완전히 선하지도 아주 사악하지도 않다고 (그리고 우리도 거기 포함된다고) 생각한다면, 인류는 산 넘어 산처럼 위기에 맞닥뜨린다고 (그래도 그럭저럭 살아간다고) 생각한다면, 다시 말해 우리가 참으로 명백하지만 무척이나 사라지기 쉬운 이런 생각들을 계속 생생히 마음에 품을 수 있다면, 우리는 공황 상태에 쉽게 빠져들지 않는다.

하지만 이런 유의 극기심이 뉴스에게는 전혀 흥밋거리가 아니라 해도 놀랄 일이 아니다. 뉴스는 우리의 나약함을 과도하게 강조할 만큼 충분한 상업적 동기를 지녔기 때문이다. 뉴스란 본래 오랫동안 동요하고 겁먹고 괴로워하는 대중을 간절히 필요로 한다. 하지만 우리에게는 다시 기운을 차릴 수 있는 마음가짐을 유지해야 할 더 큰 책무가 있다.

3

뉴스는 우리를 겁주지 않을 때는 우리를 분노하게 하느라 분주하다. 온라인 뉴스 기사 말미에 댓글을 다는 기능을 통해 일반인들이 지금껏 품고 있던 상상할 수 없는 수준의 분노가 드러난다. 댓글들만 보면 우리 대부분은 거의 늘 분노로 길길이 날뛰는 것처럼 보인다.

유럽연합이 예산안 합의에 이르고자 노력하다

댓글

우려하는 시민_*2시간 전*
오 대체 언제쯤에야 이 다람쥐 쳇바퀴 도는 듯한 삶에서 벗어나는 거냐고!!!!!!!!!!

푸른머리되새_*2시간 전*
이건 분명 위기지만 진짜 문제는 정치가들이 이 문제를 고칠 수가 없다는 거다. 왜냐고? 유럽연합이 생겨난 기본 개념 자체에 결함이 있으니까. 이건 절대 이 상태로는 작동할 수가 없어. 우리에겐 2단계 시스템이 필요해. 왜 그 인간들은 이 문제를 먼저 해결하지 않는 거냐고. 그걸 해결하고 나서야 현실적인 예산안을 짤 시간이 날 텐데!

뮈시킨_*4분 전*
이 댓글은 언어 사용 내규를 위반하여 관리자에 의해 삭제되었습니다.

BBC

이런 분노 아래 혹자는 다음과 같은 비장한 믿음을 갖게 되기도 한다. 세상 문제들은 원래 다 해결될 수 있는데, **우리가 사기꾼들과 얼간이들의 지배를 받고 있기 때문에**, 매일매일 신선한 증거가 제공되는 이 단순한 이유로 인해 충분히 신속하고 단호하게 다뤄지지 않을 뿐이라고. 사안에 관련된 해결책은 존재하고 있다고, 다만 엉뚱한 사람들의 손안에 있는 것뿐이라고. 여기에 뉴스의 핵심적인 역설이 있다.

뉴스는 삶에 직접적인 영향을 주는 심각하고 중대한 결정들을 바라보는 관점을 계발하는 도구를 제공한다. 우리를 회의장 테이블과 의회로 초대하고, 거기서 핵심적 역할을 하는 사람들을 소개하며, 납득할 수 없는 지연과 이상한 타협과 사람을 미치게 하는 책임 회피 외에는 달리 설명할 길이 없는 그들의 행동을 보여준다. 이에 우리는 마치 친한 친구가 익사하는 광경을 판유리 창문 뒤에서 매일매일 무력하게 지켜보도록 초대받은 기분을 느낀다.

뉴스는 툭하면 급격한 변화와 개선을 약속하며 우리를 감질나게 한다. 뉴스는 몇몇 정치가들을 선지자라 칭송하며 그들이 공직에 오르면 몇 달 안에 국가를 근본적으로 개조할 거라고 신뢰를 표한다. 뉴스는 깊이 잠들어 있는 자본주의의 에너지를 일깨워줄 신임 중앙은행 총재를 숨죽여 기다린다. 뉴스는 우리를 회담장으로 데려가서, 우리의 대표단이 사흘간의 치열한 교섭 끝에 경제 문제, 아프리카의 빈곤, 혹은 지구온난화 같은 지구촌의 몇몇 주요 사안들을 해결해내리라고 믿게끔 조장한다.

그런 다음 모든 게 무너져내린다. 그 정치가는 멍청이로 밝혀지고, 현실에 안주하는 알팍한 인간이라며 쫓겨난다. 중앙은행 총재는 경제 문제의 새로운 주범이라며 채권시장의 동태를 꼽는다. 회담은 시시한 실랑이 때문에 진창에 빠지고, 심지어 대표단 중 한둘이 호텔 숙박비로 수작을 부렸다는 사실까지 폭로된다.

우리가 기사 말미에 차마 공공연하게 노출할 수 없는 상소리를 댓글로 남기고픈 유혹을 느낀다면, 그건 뉴스가 사안을 둘러싼 문제에 대한 충분한 설명을 우리에게 제공하길 꺼리기 때문일 것이다. 가장 논리적인 해결책들은 항상 **순전히 어리석은 이들** 때문에 무시되는 듯 보인다. 우리는 인내심을 잃고 마침내는 화가 끓어올라 '대체 저 인간들은 왜 그저……?'라는 질문을 던지게 된다. 운명론적인 방향으로 너무 기울어져 순종적인 태도만이 옳다고 여기는 사람이 아니라면, 이 정당한 질문으로 인해 우리는 즉각 회의적으로 변하고 만다. 이 질문은 단지 수사적 질의로 남기보다는 일련의 진지한 대답에 대한 단서가 되어야 한다. 뉴스가 좀처럼 언급하길 꺼리는 것은 **왜** 세상이 그다지 크게 바뀌질 않느냐, **왜** 거대한 권력과 자원이 우리의 어려움을 한 방에 해결하지 못하느냐에 대한 것이다. 뉴스는 무척이나 절묘하게도, 어떤 결정을 '어렵다'고 일컫게 되는 진짜 이유로는 우리를 인도하지 않는다. 대신 뉴스는 현재 진행중인 모든 문제들이 그저 엄청난 게으름과 어리석음 혹은 악의의 결과일 수 있다고, 지적이고 독창적인 누군가가(아마도 저널리스트 본인일 텐데) 비교적 단호하게 그냥 몇 걸음만 내디뎠으면 해결될 수 있었다고, 우리가 점증하는 분노에 휩싸인 채 그렇게 추측하도록 놔둔다.

만일 우리가 지금껏 어떤 정당도 이목을 집중시키고자 하지 않았던 무대 뒤에 살짝 가려진 수많은 골칫거리들을 자각하게 된다면, 이른바 해결책이라는 것이 제2의 파장을 몰고오리라는 점을 상기하게 된다면, 회의가 이뤄지는 원탁 주위에 압력이 작용한다는 사실과 특정 의제와 관련해 비참하리만치 힘든 선택을 할 수밖에 없다는 사실과 (최소한 몇몇 경우에는) 참여자 다수가 본질적으로 선한 의지를 갖고 있다는 사실을 깨닫게 된다면, 그리하여 어려운 결정이 **진짜로** 어려운 결정이었다는 점을 충분히 이해하게 된다면, 우리의 분노는 꽤나 누그러질 것이다.

4

분노는 겉보기에 어떤 상황에 대한 비관적인 반응처럼 보이지만 근본적으로는 세상이 지금보다는 더 나아질 수 있다는 희망에 대한 징후다. 집 열쇠를 잃어버릴 때마다 소리를 질러대는 남자는 열쇠가 절대로 분실될 일이 없는 어떤 우주에 대한 아름답지만 무모한 믿음을 불현듯 내보이는 것이다. 정치가가 공약을 어길 때마다 분노하는 여자는 선거에 속임수가 개입돼서는 안 된다는 믿을 수 없을 정도로 이상적인 신념을 드러내고 있는 것이다.

뉴스는 분노에 찬 반응을 제거해서는 안 된다. 뉴스는 우리가 정당한 이유로, 정당한 수준에서, 정당한 시간 동안 화를 낼 수 있도록 도와야 한다. 그것이 건설적인 기획의 일부가 되도록 말이다.

그리고 이런 일이 가능하지 않은 곳이라면, 그곳이 어디건 간에 뉴스는 인간의 뒤틀린 본성에 대해 우리가 한탄할 수 있도록 도와야 한다. 바보 같지만 그럼에도 불구하고 요지부동인 이런저런 이유들 때문에 완전함을 획득하기가 여전히 난망하더라도, 완전함을 상상해보려 할 때 느끼는 어려움을 감내할 수 있도록 도와야 한다.

현재 뉴스는 문제에 대한 가장 차분한 대응을 보도하길 꺼린다. 그 문제가 일반적인 것이며, 인간이라는 (예외적이라기보다는) 본질적으로 불완전한 종족이 지닌 것임을 입증하는 일 말이다. 뉴스는 분노가 야기하는 흥분과 상업적 이득에 저당잡혀 사람들에게 위로가 될 수 있는 기획은 잔인하게 무시해버린다.

정치적 삶에서 가장 중요한 사실은 (이 사실이 언론의 억측과 절망스러운 보도의 절반 정도는 단박에 날려버릴 것이기 때문에 거의 모든 언론이 감히 인정하려 하지 않지만) 정치의 핵심 영역에서 **한 사람이나 한 정당이 단숨에 성취할 수 있는 건 아무것도 없다**는 점이다. 뉴스 순환 속도가 요구하는 것만큼 빨리 상황을 변화시켜내는 건 **누구라도**(그 사람들은 그저 바보 내지 멍청이 집단이 아니다) 불가능하다. 어떤 문제의 경우 소위 유일한 '해결책'은 메시아적 리더, 국제회의 혹은 신속한 전쟁에 기대는 게 아니라, 100년 혹은 그 이상에 걸쳐 서서히 진행되는 변화를 기다리는 것이다.

5

뉴스는 좌절된 낙관주의 속에서 환멸을 느낀 계몽주의의 후예다. 뉴스는 인간의 본성과 화해하기를 거부하면서 우리의 희망이 똑같은 암

초에 계속 부딪히며 스러지게 내버려둔다. 뉴스는 하루가 시작될 때마다 가짜 천사처럼 순수한 척하며 우리에게 인사를 건네지만, 그건 해질녘에 우리가 처하는 상황에 대한 분노와 환멸을 부추기기 위해서일 뿐이다. 뉴스는 완벽한 세상이 존재 가능하다고 상정하는데, 이 세상은 항상 손 뻗으면 거의 닿을 곳에 있는 듯해도 정치적 변화 과정의 매 단계마다 신기하게도 손아귀에서 미끄러진다. 뉴스는 우리가 여러 면에서 (어쩌다보니 그렇게 됐다기보다는) 원체 구제불능의 종족이라는 점을, 그리고 결정적 순간에는 깊고 고요한 비애를 위해 히스테릭한 짜증을 저버릴 만큼은 현명하다는 점을 인정하는 호의를 도통 베풀지 않는다.

악당들과 나쁜 짓

1만 4000파운드가 넘는 세비를 부당하게 청구한 사실에 대해 유죄를 인정한 하원 의원 에릭 일슬리가 감옥에 갈 처지에 놓였다. 청구 내역은 사우스 런던 케닝턴의 렌프루 로드에 있는 다른 자택의 지방세, 전화요금, 관리비와 유지비, 보험료와 수리비 등이다.

〈데일리 텔레그래프〉

1

저널리즘이 거둔 가장 위대한 승리 가운데 몇 가지는 권력자의 치부를 폭로한 것과 관련이 있다. 이 가운데 상당수는 취재 대상의 몰락은 물론 투옥까지 촉발한다.

글과 사진만으로 사임 혹은 구금 판결을 이끌어낼 수 있다는 생각은 저널리스트들을 의기양양하게 한다. 그들 중 상당수는 여전히 워터게이트 사건 취재를 자신들의 일에서 중심적인 영감의 원천이자 지표로 계속 간주하고 있다.

저널리스트에게 당신들이 사회에 기여하는 가장 중요한 것이 무엇인지 설명해달라고 하면, 그들은 다른 무엇보다 한 가지 역할을 강조하는 경향을 보일 것이다. 그들은 '보도의 힘'을 지키는 것이 자신들의 책무라 이야기할 것이다.

2

저널리스트들은 권력자는 해명해야 할 의무가 있다고 주장한다. 그들이 이 땅의 법률을 위반하고도 기소 면제되리라고 여기는 경향이 강하기 때문이라는 것이다. 권력자들은 돈을 착복하고 탈세 수익을 숨기고 뇌물을 뿌려서 법률을 제정하며, 고용과 환경 법률을 위반하는데다 힘없는 자들을 협박하고 성적으로 희롱한다.

이런 주장에 따르면 저널리즘은 기본적으로 경찰서이고, 이에 더해 세무서의 대리인이자 온갖 종류의 소비자 단체인 셈이다. 저널리즘은 맨 먼저 그들이 아니었다면 세간의 이목을 피했을 탈법과 규칙 위반 사례들을 폭로한 다음, 이를 기소하도록 돕고, 그럼으로써 목소리를 낼 수 없는 평범한 시민들의 이익을 보호한다.

3

뉴스 취재 후 권력자가 집에서 체포되는 절정의 순간은 최면적인 구경거리를 만들어낼 수 있다. 경찰은 언론에 발맞춰 행동하면서 일찍 모습을 나타낸다. 범법자가 파자마를 입은 채 토스트나 시리얼을 먹다가 놀라는 모습이 사진으로 찍히고, 가끔은 울고 있는 배우자나 자녀가 배경이 된다.

그런 사건을 간접적으로 목격하는 경험을 누릴 기회가 생기면 여러 감정들이 누그러질 수 있다. 그 감정은 불의에 대한 반감, 굴욕감, 그리고 향후 세상이 두 번 다시 무능력자와 사기꾼의 손에 떨어져서는 안 된다는 기본적인 의식을 포함한다.

뉴스는 범죄자가 경찰차 뒷좌석으로 끌려가는 모습을 우리에게 보여주면서 우리와 우리 사회의 무수한 병폐를 대표적으로 보여주는 인물이 지금 막 확인되어 안전하게 제거되었다는 희망을 우리에게 제공한다.

안전해진 세상
영국 정치인 에릭 일슬리가 1년형을 살기 위해 감옥으로 향하고 있다.
한 신문이 그가 청구한 세비를 조사하고 나서 벌어진 일이다.
워터게이트 패러다임은 이런 식으로 작동한다.

4

비록 뉴스가 다수의 힘있는 사람들을 일상적으로, 그리고 무척이나 유효한 방식으로 질책하긴 해도, 선진국이 봉착한 가장 중대한 어려움 중 상당수가 악당들의 행동에 기인한 것이라고 딱 잘라 말할 수는 없다. 이 나라들이 맞닥뜨린 가장 큰 난관들을 자세히 검토하다보면 꼭대기에 앉아 있는 범죄자들이나 사기꾼들을 포함하는, 하지만 또한 이를 훨씬 넘어서는 문제를 포괄하는 딜레마와 곤경이 드러난다.

이를테면 저렴하면서도 그럭저럭 살아갈 만한 동네를 찾기란 끔찍하게 힘든 일이지만, 이것이 감옥에 가야 마땅한 누군가의 '잘못' 때문은 아닌 듯해 보인다. 너무 많은 직업이 형편없는 임금에 흥미도 사회적 지위도 결여되어 있고, 무례한 관리자들과 사장들의 감시를 받는다. 하지만 이런 문제들이 비리를 폭로하는 특유의 언사로는 어떤 식으로 설명될 수 있는지 파악하기란 어렵다. 많은 상품들이 불필요하고, 지나치게 화려하고, 자원 낭비인데다 넘치도록 광고를 해대지만, 이런 상황을 만든 악당들을 콕 찍어 책임을 묻긴 어렵다.

부정한 인물을 체포하는 것이 일정 기간 깊은 만족감을 줄 수는 있어도, 이것이 고취하는 희망은 잘못된 방향을 가리킬 수 있다. 설사 재벌 혹은 권력을 휘두르는 각료들을 죄다 감옥에 가둔다 해도, 국가는 여전히 해결하기 위해 애써야 하는 골치 아픈 문제들을 수없이 떠안고 있을 것이다. 저널리즘이 어떻게 밝혀내야 할지 잘 알고 있는 워터게이트 유형의 악당들만 계속 찾아다닌다면, 우리는 산적해 있는 중요하고 커다란 문제들을 놓칠 공산이 크다. 보다 구조적이고 비인격적이면서, 악당들의 위법행위 못지않게 유해한 수많은 잘못들을 철저히 조사하는 데도 실패할 것이다. 이를테면 가정폭력을 불러일으키는 수동적 공격성 같은, 인생을 파괴하고 사람을 의기소침하게 만들지만 결코 겉으로 드러나지 않아서 법망을 빠져나가는 행위와 가치관에 기인한 잘못들 말이다.

현체계에서 뉴스는, 어떠한 위법행위도 금품 갈취도 없이 수천 명의 사람들을 굴욕적인 환경에서 살게 만드는 부동산 개발업자를 '보지 못한다'. 사기 행위를 악착같이 취재하는 열성적인 기자도 공공생활의 존엄과 지성을 서서히 갉아먹는 광고 방송으로 형사상 책임을 져야 할 사람에게는 손끝 하나 댈 수 없을 것이다. 남녀간의 예의범절과 존중을 훼손한 죄로 체포되어 마땅한 사람을 찾아내지도 못할 것이다.

제대로 생각하면, 탐사 저널리즘은 집단과 개인을 파괴하는 모든 요인들에 대한 전방위적인 관심에서 시작해야 한다. 뉴스는 무엇보다 정신 건강, 건축, 여가, 가족관계, 연애, 회사 경영 방식, 교육과정과 신분질서 등을 취재해야 한다. 이런 영역이 우리 삶에 미치는 영향은 의회에서 일어나는 사건들보다 결코 적지 않기 때문이다.

뉴스는 국가가 겪는 문제의 뿌리가 상류층의 범죄행위에 근본적인 기원을 두고 있다고 상상하도록 부추긴다. 물론 언론은 개개의 썩은 사과를 겨냥할 임무를 분명 지니고 있지만, 정치적이고 사회적인 합의 내부에 은폐된, 눈에는 띄지 않지만 훨씬 큰 제도적 실패에도 주의를 돌리도록 우리를 이끌어야 한다는, 마찬가지로 중요한 책무 또한 지니고 있다.

5

하지만 사회적 병폐를 드러내야 한다는 더없이 지적인 어려움에 더해, 사악한 인생이라는 꼬리표를 이름에 달아도 싼 몇몇 악당들을 찾고자 하는 거의 예술가적인 열망 때문에, 진정한 취재 대신 잘 알려진 도피적 대안인 '꼬투리 잡기식 저널리즘'이 생겨날 수 있다.

저널리즘적 의미에서 꼬투리 잡기란 권력자가 잠깐 방심한 상태에서 무심결에 말하거나 행한 것을 낚아채는 행위다. 이는 (다들 알고 있듯) 권력자들이 숙고하여 내놓은 관점을 반영하는 것이 결코 아니다. 그런데도, 뉴스는 이걸 꽉 붙잡고 놓아주지 않으면서 그 실수가 심각하고 수치스러운 진실을 함축한다고 주장한다.

꼬투리 잡기식 저널리즘 뒤에는 저널리스트들의 무력한 분노가 자리하고 있다. 그들은 자기네 나라의 많은 것이 대단히 잘못돼 있다는 걸 알지만, 권력에 접근할 방법을 갖고 있지 않거나 혹은 관료제에 대한 인내심이 부족하다. 이 문제들을 해결할 때 진정으로 잘못된 점들에 명확하게 다가갈 수 있는데 말이다.

꼬투리 잡기식 폭로는 그것으로써 더 나은 정치 혹은 괜찮은 정부를 이끌어낼 수 있다고 진지하게 믿기 때문에 이뤄지는 게 아니다. 꼬투리 잡기는 그저 어떻게 하면 변화를 불러올 수 있을지에 대한 생각이 고갈되는 바람에 막막해진 한 무리의 개인들에게 앙갚음을 행할 계기를 제공할 뿐이다.

6

뉴스는 악당들을 어떻게 처리해야 하는 걸까? 일단 악당 중 최악의 인간들은 경찰에 넘긴다. 하지만 악당 대다수는 저널리즘 고유의 수단을 통해 다뤄지는데, 그 수단은 바로 모멸감을 주는 것이다. 뉴스는 풍자적인 기사, 현관 앞 인터뷰, 비밀스러운 사진과 서신 유출 등을 통해 이에 대해 상당한 열정을 선보인다. 함량 미달의 인간은 뉴스거리로 **바뀌어야** 하고, 그런 다음 그들은 도덕적인 다수의 혐오에 직면할 것이다. 여기에 은연중 내포된 것은 그들이 명성의 추락과 대중의 맹비난에 직면하면 사회가 개혁될 수 있으리라는 생각이다.

하지만 수치심이 정말로 인류 개혁에 가장 쓸모 있는 도구로 이용되어도 괜찮은 것일까? 우리는 모멸을 당하면 더 나은 인간이 될까? 두려움은 가르침을 줄까?

악당들의 비행에 관해 쏟아지는 수많은 기사들은 부정행위와 농간을 다루는 모든 보도가 응당 떠받쳐야 하는 하나의 목표, 즉 **국가 발전에 기여하겠다는 의욕**을 현저하게 결여한 것처럼 보인다. 이런 기사들은 공적인 삶의 발전에는 일말의 관심도 없이 쓰러진 먹잇감 주변을 맴돈다. 회계, 결혼, 대학, 이민 혹은 세금 제도를 더 낫게 바꾸려는 노력은 하지 않은 채, 그저 우리에게 색다른 재미를 안겨주려 할 뿐이다.

7

저널리즘은 특정 부류의 권력을 감시하는 일만을 자신의 역할로 규정하면서 너무 무던하거나 비겁한 태도를 유지해왔다. 이러한 규정은 저널리즘 자체의 개념과 사회에서의 역할을 해로운 방식으로 제한해왔다. 저널리즘은 그저 현실의 경찰서나 세무서가 아니다. 저널리즘은 더 나은 나라를 만들 수 있는 길을 제안하려는 목적으로 국가적 삶의 모든 사안을 다루는 망명정부다. 혹은 그렇게 되어야 한다.

잘못을 폭로하고 공개하는 일의 유일하게 정당한 명분은 그 잘못이 더는 확산되지 않도록 하는 데 있다. 부패, 바보짓, 복지부동에 맞닥뜨렸을 때, 뉴스는 잘못된 점을 발견하고 기뻐하는 현재의 수준에 머무르는 대신 미래의 더 큰 역량을 기르기 위해 항상 애써야 한다. 권력자를 쓰러뜨리는 게 얼마나 만족스럽고 중요한 일인지와 무관하게, 저널리즘의 탐사는 미묘하게 다르지만 언제나 겹치지는 않는 두 가지 목적, 즉 세상사를 조사하고 개선하고자 하는 욕망을 품고 시작돼야 한다.

통상적인 관념들

3D 프린팅 기술의 가차없는 진격이 계속되고 있다. (…) [프린팅 과정에서는] 은과 탄소나노튜브에 기반을 둔 독특한 '잉크'를 사용한다. (…) 카보모르프Carbomorph라는 이름의 이 물질은 열을 가하면 녹는 폴리에스테르 성분으로 구성돼 있어 이 과정에 적합한 원재료다. 카보모르프는 또한 피에조저항piezoresistivity이라는 전기적 특성에도 유용한 물질이다.

『이코노미스트』

1

뉴스의 가장 고귀한 약속은 무지를 줄이고 편견을 극복하게 하여 개인과 국가의 지성을 끌어올릴 수 있도록 노력하겠다는 것이다.

2

하지만 몇몇 분야에서 뉴스는 이따금 정반대로, 우리를 완전히 바보로 만든다고 비난받아왔다. 이 문제를 놓고 언론에 대해 가장 강경한 비난을 퍼부었던 이들 가운데 19세기의 귀스타브 플로베르가 있다. 플로베르는 대량 부수를 발행하는 신문사들이 대두하던 시기에 속한 세대다. 그가 어렸을 때 뉴스는 대중 사이에 루머 형태로 아무렇게나 퍼지거나 조악하게 인쇄된 1면짜리 소식지로 유포되었지만, 그가 삼십대가 되었을 즈음에는 증기 인쇄기가 발명되고 철로가 깔리고 검열이 완화되면서 자본력과 권위를 갖춘 신문사들이 융성할 수 있게 되었다. 이 신문사들은 프랑스 전역에 걸쳐 형성된 수백만 독자들에 대한 권리를 주장하게 되었다.

플로베르가 판단하기에 이 신문들이 국민의 호기심과 지성에 저지르는 짓은 소름이 돋을 만한 것이었다. 그는 신문이 새로운 종류의 우둔함(그는 'la bêtise'라는 단어를 썼다)을 프랑스 구석구석에 퍼뜨린다고 믿었다. 이 새로운 어리석음은 이전의 단순한 무지보다 훨씬 더 질 나쁜 것이었다. 왜냐하면 이 어리석음은 수동적으로 채워지기보다는 지식으로부터 능동적으로 동력을 얻어 발생하는 것이기 때문이었다. 플로베르의 눈에 신문은 사람을 오염시키는 것이어서, 그는 오로지 완전한 문맹자와 무지렁이 프랑스인들만이 주체적으로 생각할 수 있다고 보았다. "소작농들이 중산층의 4분의 3보다 덜 멍청하다. 중산층은 항상 자기들이 신문에서 읽은 것에 대해 법석을 떨고 한두 군데 신문에서 얘기한 것에 따라 풍향계처럼 빙글빙글 돈다."

『보바리 부인』에서 가장 역겨운 캐릭터인 약사 오메는 뉴스의 열렬한 소비자로, 날마다 '**신문**'(플로베르는 소설 내내 이 단어를 이탤릭체로 표시하는데, 이는 이 대상에 바치는 신흥 종교적 숭배를 조롱하고자 함이다)을 공부하는 특별 시간을 갖는 사람으로 소설 초반에 등장한다. 저녁이면 오메는 지역 부르주아들이 모여 시사 문제에 대해 열띤 토론을 벌이는 장소인 금사자 여관으로 향한다. "그러고는 '**신문**'에 난 것에 대한 토론이 오갔다. 이 시간쯤이면 오메는 그것들을 사실상 모두 외우고 있었다. 그래서 그는 그 기사 내용들을 전부 말해주었고, 거기에는 신문 사설뿐 아니라 프랑스나 외국에서 일어난 갖가지 재난에 대한 소식도 포함돼 있었다."

3

플로베르는 신문을 증오했다. 신문이 독자로 하여금 정직한 사람이라면 결코 타인에게 떠넘기는 데 동의하면 안 되는 어떤 임무를 그렇게 떠넘기도록 교묘하게 부추긴다고 확신했기 때문이다. 그 임무란 바로 생각하기이다. 언론은 이제 중요한 문제에 대한 복잡하면서도 지적인 논평을 생산해내는 일을 자기네 직원들에게 안심하고 맡길 수 있다고, 독자들의 정신은 각자의 특별한 여정, 탐구, 성찰을 멈추고 그 일들을 〈르피가로〉의 논설위원과 그 동류의 인간들이 솜씨 좋게 포장한 결론을 그저 따르면 된다고 은근히 제안했다.

상투어와 군중의 심성에 무척이나 민감한 작가였던 만큼, 이러한 대규모 발전이 상징하는 독립적 탐구심의 위축에 분노했을 것임은 너무도 당연하다. 그에게 신문이란 온갖 방향으로 손을 뻗어 가설들을 획일화하고 각 지역의 독특함과 개별적 차이를 말끔하게 다림질해버리는 것이었다. 이 균질화하는 힘에는 내면의 삶이 가진 온갖 생산적 기발함을 짓밟을 위험이, 손으로 직접 가꾼 풍요롭고 독특한 마음의 텃밭을 평평하고 기계화된 무미건조한 밀밭으로 바꿔버릴 위험이 도사리고 있었던 것이다.

4

1870년대에 플로베르는, 그가 보기에 일반적으로는 근대 세계가, 특히 신문이 조장하는 가장 멍청한 사고 패턴이라고 판단한 것들을 꾸준히 기록으로 남기기 시작했다. 상투적인 단어들을 주제별로 정리한 이 모음집은 그의 사후 『통상 관념 사전』이라는 책으로 출간됐는데, 저자는 이 책을 일컬어 **'인간의 우둔함에 대한 백과사전'**이라고 했다. 책에 수록된 것을 무작위로 들어본다.

예산 언제나 수지가 안 맞는다.

가톨릭교 예술에 무척 좋은 영향을 끼쳐왔다.

개신교 노예들을 해방시켰다.

십자군 베네치아 무역에 이익을 줬다.

다이아몬드 그저 석탄에 불과하다니! 자연 상태의 다이아몬드를 우연히 발견한다면 땅에서 주울 생각조차 하지 않을 것이다!

운동 모든 병을 막아준다. 항상 추천한다.

사진 그림을 시대에 뒤진 것으로 만들 것이다.

『통상 관념 사전』의 수많은 상투어들이 신학, 과학, 정치학 같은 세련된 학문들을 다룰 때, 그런 학문에 걸맞은 세련됨과는 굉장히 차이가 난다는 걸 주목할 필요가 있다. '통상적인 관념들'은 새롭고 흥미로운 사실들이 편협한 사고를 거친 결과물로 구성되어 있다. 플로베르가 암시한 바에 따르면, 과거 얼간이들은 다이아몬드가 어떤 탄소 결정 구조를 띠고 있는지 아무런 단서도 갖고 있지 않았다. 그들의 얄팍함은 전적으로, 그리고 확실히 의심의 여지가 없었다. 하지만 이제 언론은, 한 인간을 상상력도 없고 창조적이지도 않고 마음도 교활한데 **그와 동시에** 얻어들은 건 무척이나 많은 사람으로 만들어버리는 일을 얼마든지 할 수 있게 되었다. 현대의 헛똑똑이는 과거에는 오직 천재들만이 알 수 있었던 것들을 일상적으로 알 수 있지만, 그럼에도 여전히 얼간이다. 그는 이전 세대가 결코 걱정해본 적 없던 특성을 지닌 절망적인 결합체다. 플로베르가 보기에 뉴스는 우둔한 자를 무장시키고 바보에게 권위를 부여하는 것이었다.

5

우리 시대의 언론은 플로베르의 마음을 조금도 누그러뜨리지 못할 성싶다. 그들은 계속해서 대중의 의견을 고도로 표준화된 형태로 가공해내고 있다.

3D 프린팅 미래에는 모든 게 삼차원으로 인쇄될 것이다. 놀라움을 표하고 그 미래상에 경외심을 보이라.

인터넷 집중을 불가능하게 만들었다. 이제 긴 소설을 읽는 게 얼마나 어려운지 모른다.

일과 생활의 균형 과거 어느 때보다도 훨씬 어렵다. 배우자를 만나기 위해 따로 약속을 잡아야 할 시대가 곧 도래할 것이다.

탄소섬유 비행기 날개 놀랍도록 잘 구부러진다. 하지만 언젠가는 비행기 추락을 야기할 게 확실하다.

표준 중국어 미래의 만국공용어.

6

뉴스가 이따금 우리를 진부하거나 잘못된 결론으로 밀어넣는 까닭은 무엇일까?

가장 주된 이유는 뉴스가 계속해서 여러 수단을 통해 엄청난 권위로 우리 앞에 나타나기 때문이다. 우선, 우리는 뉴스거리를 판정하는 사람이 누구인지, 그 기준은 무엇인지 분명하게 알지 못한다.

그렇다보니 단신들은 마치 자연적인 것처럼, 혹은 우리가 내밀하게 관여할 수도 없고 그에 대해 의문을 제기하는 것도 월권일 것만 같은 고도의 필연성에 따라 생성되는 듯해 보이는 경향이 있다. 우리는 '기사'가 될 만한 것들을 골라내는 행동의 기저에 인간 역학과 우발적인 선택이 있음을 잊는다.

심지어 뉴스가 어떻게 만들어지는지조차 모종의 의문스러운 비밀주의에 싸여 있다. 이를테면 우리는 전날 배포한 보도자료 외에 아무것도 덧붙일 게 없다며 난폭하게 내뱉는 수상의 한마디를 받아 적기 위해 정치부 기자가 브뤼셀의 유스투스 립시우스 빌딩• 출

• 이 빌딩에 유럽연합의 유럽이사회와 각료이사회가 주재하고 있다.

입구 차단벽 뒤에 선 채로 빗속에서 세 시간을 보내야 했던 일에 대해서는 거의 듣지 못한다. 혹은 우리가 점심때 샌드위치를 먹는 동안 별생각 없이 훑어보는 기사를 만들기 위해 북아프리카 특파원이 말리의 반군 집단을 따라잡느라 손에 땀을 쥐는 스물두 시간을 보낸 일에 대해서도, 놀라운 새 트렌치코트에 감탄하는 즐거움을 선사하기 위해 여배우가 베벌리힐스의 커피숍에서 나오길 기다리느라 자기 인생의 많은 시간을 잃어버린 사진기자의 노고에 대해서도 거의 듣지 못한다.

우리는 콜로라도나 핀란드 북부에 위치한, 지저분한 석탄과 천연가스를 연료로 쓰는 데이터 센터에 500미터나 늘어서 있는 거대한 검은색 컴퓨터 서버의 빽빽한 줄에 대해서는 생각하지 않도록, 혹은 그걸 의식조차 못하도록 되어 있다. 그곳에는 우리의 가볍고 선명한 모니터를 통해서는 전혀 인지할 수 없는 음울한 물리적 현실이 있다.

헤드라인 밑에서 자신만만하고 냉정하게 자신의 중요성을 내뿜고 있긴 해도, 우리가 읽는 기사들은 천사들의 비밀회의 후 나온 초자연적인 칙령에 의해 결정된 것이 아니라 전망 좋은 사무실에서 머핀과 커피를 앞에 놓고 골치 아픈 회의를 해가며 그럴싸하게 기사 목록을 만들고자 분투하는, 보통은 다소 피곤에 절고 압박에 시달리는 편집자 집단에 의해 결정된 것이다. 주요 뉴스들은 현실에 대한 궁극적인 설명이라기보다는, 우리와 똑같이 편견, 실수, 미혹에 시달리는 필멸의 존재인 편집자들이 무엇이 정말 중요할까라는 질문에 맨 처음 떠올린 생각을 통해 정해진다. 우리 종족에게 날마다 닥칠 수억 건의 잠재적 사건들의 웅덩이 속에서 솟아오른 어림짐작 말이다.

아프리카에서 일어난 전쟁이 새로운 구두 컬렉션 론칭보다 우선해야 하는지, 탈출한 호랑이가 일련의 인플레이션 수치보다 중요한지, 어여쁜 백인 중산층 여학생의 성폭행 사건이 머리 잘린 흑인 노숙인의 소식보다 우선해야 하는지, 광산회사 주식 폭락이 아이가 세상에 태어나 처음 말한 단어보다 더 중요하게 취급돼야 하는지는 사회의 가장 기이하면서도 은밀한 편견을 담은 분류 방식에 달려 있다.

다른 때라면 자신들의 독창적이고 독립적인 정신을 선전하는 데 상당한 에너지를 쏟는 언론들이, 오히려 오늘 무슨 일이 벌어졌나 하는 중대한 문제에 너무 자주 완벽하게 일치하는 듯 보이는 상황에 대해 우리는 어느 정도 의구심을 품어야 한다.

7

개개의 뉴스들 역시 뉴스 브랜드의 비호 아래 전달됨으로써 힘을 얻는다. 탁자 맞은편에 앉은 사람이 제기했다면 우리가 보다 철저하게 검토하려 들었을 의견들이 특정한 언론사 이름 아래 있기만 하면 거의 신화적인 힘을 획득할 수 있다.

전쟁의 정당성을 옹호하는 기사가 신고딕풍 첼트넘 서체의 〈뉴욕타임스〉 제호 아래 등장할 때, 혹은 대통령의 예산안을 옹호하는 논지가 〈르몽드〉의 펜웨이 서체로 쓰인 차분하지만 감각적인 칼럼 속에 펼쳐질 때, 우리는 기사의 건전성이나 논지의 일관성에 대해 조금(하지만 결정적으로) 의문을 덜 품는 듯하다.

뉴스 브랜드만으로, 우리는 그 제호 아래 실린 기사를 회의적으로 읽어내지 못하는 것이다.

8

뉴스의 수가 그렇게 많은데도, 수많은 분야에서 제기된 질문들은 매체 전반에 걸쳐 극도로 협소한 몇 개 영역에서만 다뤄진다.

교육 분야에서 교실 크기, 교사의 봉급, 국제경시대회에서 거둔 성과, 사교육과 공교육 사이의 올바른 균형 등이 기사화되는 것은 '정상적'인 듯 보인다. 하지만 만약 교육과정이 진짜로 말이 되느냐, 그 교육과정이 실제로 좋은 삶을 추구하는 데 중심이 되는 감성적이고 정신적인 자산을 학생들에게 갖추도록 해주느냐는 의문이라도 갖는다면, 우리는 무척이나 이상한, 심지어 미친 사람들처럼 보일 것이다.

한편 주택 문제에 관해, 어떻게 하면 건설회사가 잘 돌아갈 수 있는지, 어떻게 하면 생애 첫 주택 구입자들이 집을 쉽게 살 수 있는지, 어떻게 하면 자연과 일자리와 산업이 각기 요구하는 지점 사이에서 자연스러운 균형을 맞출 수 있을지 걱정하라고 뉴스는 다그친다. 하지만 '어째서 우리 도시는 이렇게 추한가?' 같은 근본적이면서도 별나게 들리는 질문을 제기하는 데는 시간을 할애하지 않는 경향을 보인다.

경제 문제를 토론할 때, 우리는 적절한 수준의 과세는 어느 정도여야 하는지, 인플레이션과 싸우기 위한 최선의 방책은 무엇인지 숙고하는 쪽에 에너지를 쏟는다. 하지만 주류 언론은 우리가 노동의 목적, 정의의 본질, 시장의 적절한 역할 같은 보다 고유하면서도 폭넓은 질문들은 제기하지 못하게 막는다.

뉴스 기사는 다른 식으로 깊이 상상하려는 우리의 의지뿐 아니라 그 능력까지 축소하는 방식으로 사안들을 특정한 틀에 가두려는 경향이 있다. 이 방식이 지닌 겁박하는 힘을 통해 뉴스는 우리를 마비시킨다. 이런 문제를 파고드는 이가 없다면, 불확실하지만 잠재적으로는 중요한 개인들의 사색은 위축되고 말 것이다.

9

일부는 돈에 책임이 있다. 언론사가 재정적으로 궁핍하다는 것은, 막대한 수의 사람들에게 당장 인기를 얻지는 못할 생각들을 내놓을 여유를 그들이 가질 수 없음을 뜻한다. 화가는 50명의 고객에게 작품을 팔면 그럭저럭 여유 있게 살 수 있다. 작가는 5만 명 정도의 독자를 얻으면 그럴 수 있다. 하지만 언론사는 웬만한 대도시에 사는 인구보다도 많은 구독자 없이는 청구서 요금을 제때 낼 수가 없다.

어느 수준까지 대중과 일치해야 하는가, 별난 개성과 유익한 특이성은 어느 정도로 억눌러야 하는가 같은 질문들은 다수의 입맛에 두루 맞는 기사들을 작성하는 데 필수적인 것들이리라…… 지혜, 지성, 섬세한 논평이 잘 구획된 지역에 거주하는 2000만 명의 인구 사이를 파고들기란 좀처럼 쉽지 않다.

10

그 규모와 복잡성 때문에, 그 누가 아무리 이 세상에 대한 풍성한 질문을 던지더라도 세계는 늘 그 이상의 문제를 지닐 수밖에 없다. 무척이나 규정하기 어렵고 다종다기한 이 현실이 앞으로 어찌될 것인가에 대해 언론은 그저 피상적인, 가끔은 엄청나게 잘못된 지도를 제공할 수 있을 뿐이다.

따라서 좀 지나칠 정도로 고르게 합의된 듯 보이는 관점과 맞닥뜨릴 경우, 플로베르의 마음속에서 경종이 울렸듯 우리 마음속에도 경종이 울려야 한다. 우리는 가장 아름다운 서체와 가장 권위적이며 믿음직한 헤드라인 아래 숨어 있을지 모를, 잠재적으로 역겨운 바보짓에 대해 항상 회의적인 태도로 경계 태세를 유지해야 한다.

플로베르가 문학적 상투어에 대해 그랬던 것처럼 우리는 미디어의 상투어에 눈을 부릅뜨고 대해야 한다. 전자는 소설을 파멸시키고, 후자는 국가를 파멸시킬 수 있다.

III.
해외 뉴스

정보와 상상력

콩고민주공화국 동부가 엄청난 인도주의적 위기 상황에 직면했다고, 한 구호기관이 우간다에서 개최된 지역 정상회담에서 경고했다. 국제구호기구 옥스팜은 수백만 주민이 민병대에 속수무책으로 휘둘렸으며 살인, 강간, 약탈이 급증했다고 밝혔다. 치안부대가 반란군을 상대하는 데 집중하느라 취약 지역에서 벗어나버렸다는 것이다. 유엔은 분쟁으로 인해 주민 25만 명이 고향에서 쫓겨났다고 밝혔다.

BBC

1

언론기관은 뜻밖에도 이상理想이 넘치는 장소일 수 있다. 런던 BBC 본사 입구 벽에는 다음과 같은 선언이 라틴어로 적혀 있다.

> 이 예술과 뮤즈의 신전은 1931년에 최초의 방송 관리자들에 의해 전능하신 신께 바쳐졌습니다. (…) 그들은 (…) 평화 혹은 순수함에 적대적인 모든 것들이 이 신전에서 추방되기를, 또한 아름답고 정직한 것과 좋은 소식이라면 무엇이든 들을 준비가 된 사람들이 지혜와 강직함의 길을 걷기를 기도했습니다.

위층으로 올라가면, 방문자는 이 이상주의의 일부가 어떻게 실제 행동으로 옮겨지는지 볼 수 있다. 거기에는 세계 각 지역에서 벌어지는 가장 심각하고 불행한 사건들을 다루는 임무를 맡은 데스크들이 있다. 아프리카 담당 기자들은 한 층 전체를 쓴다. 소말리아에 관련해서만 8명의 기자가 있다. 콩고민주공화국은 3명의 기자가 담당하는데, 그들은 소파가 놓인, 포틀랜드 거리가 내려다보이는 전망 좋은 자리를 차지하고 있다.

뉴스 보도에 대한 이상적인 멘트는 이런 것이다: 사악함, 굴종, 인종차별은 본질적으로 무지의 소치다. 사람들이 이 세상 다른 곳에서 실제로 무슨 일이 일어나는지 알 수 있도록 한다면 편견, 두려움, 속임수, 군사적 침략 같은 건 줄어들 것이다. 뉴스는 세상을 더 나은 곳으로 만들 수 있다.

2

하지만 이 논리는 해결해야 할 문제를 안고 있다. BBC 뉴스 웹사이트의 일간 트래픽 수치를 조사해보면 그게 무엇인지 알 수 있다.

케임브리지 공작부인, 7월 출산 예정 **582만 건**

영국 전역에 폭설 예상 **434만 건**

데이비드 보위 컴백, 싱글 차트 톱 10에 오르다 **252만 건**

나이지리아 코기 주의 교회, 습격으로 19명 사망 **9920건**

콩고민주공화국 동부가 엄청난 인도주의적 위기에 직면 **4450건**

남부 아프리카: 콰줄루나탈에서 '종족 간 충격'으로 5명 사망 **2540건**

콩고 분쟁 : 카가메와 카빌라, 합의에 실패 **1890건**

어떤 의미에서 계몽주의의 위대한 목표는 성취되었다. 이제 평균적인 시민들은 지구상 모든 국가에서 벌어지는 사건들의 정보를 실시간으로 접한다. 하지만 우리는 또한 훨씬 놀라운 사실을 어쩔 수 없이 확인하게 된다. **아무도 그 사건들에 딱히 관심을 갖지 않는다는.**

3

이때 언론의 표준적인 대응은 대중을 비난하는 것이다. 대중은 생각이 짧고, 종족 간 충격보다 (놀라운 차이로) 팝송에 더 관심을 기울인다고, 중앙아프리카에서 구루병과 말라리아에 시달리는 10만 명의 절망적인 어린이들보다 영국 귀족 집안의 일원으로 태어나는 아기 하나에 더 신경을 쓴다고 말이다.

하지만 이렇게 놀랄 정도로 관심도가 낮은 것이 전적으로 대중의 잘못은 아니라고 밝혀진다면? 시청자들과 독자들이 외국 땅에서 벌어지고 있는 일에 대해 크게 신경을 쓰지 않는 **진짜** 이유가 특별히 천박하거나 고약해서가 아니고, 사건 자체가 지루해서도 아니고, 다만 **뉴스가 충분히 호소력 있는 방식으로 사건들을 보여주지 않기 때문**이라면 어쩔 것인가? 우리가 해외 뉴스에 흥미를 잃게 되는 것이 세상을 **담아내는** 방법에 있어 언론이 잘못된 전제를 하고 있기 때문이라면?

4

이런 전제들 중 첫번째는, 모든 저널리스트에게 가장 중요한 전문 기술은 정보를 정확하게 모으는 능력이라는 것이다. 언론은 자신들이 본질적으로 대중의 무지와 전투를 벌이고 있다고 생각하기 때문에, 정확한 정보의 수집은 언론인 교육의 우선순위에서도 으뜸가는 자리에 있다.

현장에 투입된 신참들은 기사를 작성할 때 핵심적인 인물들의 발언을 찾아 기록하고, 주장을 뒷받침할 사실과 수치를 확보하고, 정신 산만한 수사적인 글쓰기를 자제하고, 기사에서 개인적이고 문화적인 편향을 모두 제거하도록 교육받는다.

이런 전략들은 충분히 논리적인 듯 보인다. 하지만 문제는, 실제로 뉴스 수용자를 괴롭히는 질환이 언론기관이 진단한 것과는 살짝 다르다는 사실이다. 대중은 사실 **무지**보다는 **무관심**으로 인해 고통받고 있다. 이제 외국에 대한 정확한 정보를 얻는 건 그리 어렵지 않다. 진짜 문제는 우리가 어떻게 하면 무언가에 진지한 관심을 갖게 될 수 있느냐다. 기사가 전하는 것이라고는 얼마나 많은 사람들이 게릴라의 공격으로 사망했는지, 얼마나 많은 이가 홍수로 생명을 잃었는지, 얼마나 많은 국민이 비뚤어진 대통령 때문에 모든 것을 잃었는지 같은 내용들이다. 사실 이런 보도는 기술적이고 행정적인 어려움이 따르는 것들이어서, 기자에게는 인내, 용기, 그리고 고된 일에 대한 열의가 필요하다. 하지만 (아주 드물게 고려되곤 하는 지점인데) 독자나 시청자를 그런 사건들에 **신경쓰도록** 설득하는 건 완전히 다른 임무다. 이 임무에 요구되는 기술은 언론기관의 해외 뉴스 데스크가 거의 항상 간과하는 영역에 속해 있다.

예술을 가장 실용적으로 정의한다면, 사람들의 머릿속에 개념들을 강력하게 심는 방법을 터득하려는 훈련이라고 할 수 있을 것이다. 저널리즘과 뚜렷이 구분되는 문학 분야에서, 재능 있는 작가 중 이야기의 앙상한 뼈대만으로 독자를 충분히 설득할 수 있다고 생각하는 이는 없을 것이다. 그들은 침략이나 홍수, 절도 같은 사건이 그 자체로 독자들에게 적절한 감동이나 분노를 일으킬 수 있을 만큼의 흥미를 품고 있다고 생각하지 않는다. 작가들은 어떤 사건이 아무리 충격적일지라도 독자들이 무조건 거기에 빠져드는 건 아니라는 사실을 안다. 이야기에 대한 몰입이라는 귀한 결과를 얻기 위해서는 작가 특유의 기술, 다시 말해 언어에 주의를 기울이고, 생기 넘치는 세부 사항을 조명하고, 이야기 속도와 구조를 자유자재로 통제하는 기술을 갈고닦으며 더 열정적으로 작업해야 한다. 특정한 상황에서 창의적인 작가들은 (사실을 각색하고, 세부 사항을 생략하고, 인용문을 압축하거나 날짜를 바꿈으로써) 엄격한 정확성을 희생시키는 쪽을 택할 수 있다. 그들은 자신의 그런 행동이 범죄적이라고 느끼기보다는 (이는 언론기관이 자기네가 그런 짓을 직접 저질렀을 때 상습적으로 묵과하는 것이다), 더 높은 목표에 도달하고자 정확성 대신 이따금 허구를 만들어낼 필요가 있다고 생각할 것이다. 성급하고 산만한 대중에게 중요한 생각과 장면을 전달할 수 있다는 희망을 품고서.

5

해외 뉴스 보도를 좌우하는 두번째 전제는, 어떤 사건이 더 엽기적이고, 비극적이거나 끔찍할수록 그 사건이 더 '중요하게' 여겨져야 하고, 그러므로 기사의 위계에서 더 높은 곳에 위치해야 한다는 것이다. 저널리스트들과 편집자들은 얼마나 이례적이고 독특한지에 따라 사건의 중요도가 결정된다고 믿는 경향이 있는데, 이는 거의 예외 없이 그 사건이 얼마나 끔찍하고 피투성이이고 잔인한지 입증되었다는 의미다. 이런 이유로, 폭격으로 30명이 사망한 것이 어촌의 조용한 하루보다 더 기삿거리가 된다고 생각하고, 희생자들의 폐를 3시간 만에 파괴하는 열대성 질환의 발생을 평화로운 추수보다 더 커다란 흥밋거리라 간주하고, 비밀경찰이 자행한 고문이 요르단 강이 내려다보이는 전원의 들판에서 타불레•와 속을 꽉 채운 포도나뭇잎을 먹는 집단 오찬 의식보다 더 중요하다고 여긴다.

이런 철학이 지닌 문제는, 만약 우리가 특정 지역에서 일상적인 것으로 통하는 게 뭔지에 대해 감을 잡지 못한다면 비일상적 상태를 측정하거나 그에 대해 신경을 쓰는 게 무척이나 어렵다는 점이다. 우리는 어떤 지역이 기본적으로 안정된 상태에 놓여 있었다는 걸 알고 있어야만, 또한 그곳 거주민들의 일상생활, 일과, 그들이 품고 있는 소박한 희망을 충분히 알고 있어야만 거기서 벌어진 슬프고 폭력적인 사태에 대해 적절하게 우려를 표할 수 있다.

하지만 이 세상 대부분의 나라들에 관해, 뉴스 미디어의 경이로운 기술에도 불구하고, 또한 각 부서, 특파원, 사진기자들과 카메

• tabbouleh: 중동식 야채 샐러드.

라맨들의 존재에도 불구하고, 우리는 그 나라들의 일상에 대해서는 그게 무엇이건 간에 아무런 정보도 제공받지 못한다. 우리는 콩고민주공화국에서 누군가가 평범한 하루를 보낸 적이 있기나 한지 알지 못한다. 그런 것은 서구 언론이 취재한 바가 없기 때문이다. 우리는 볼리비아에서 학교에 간다는 것이, 또는 미용실에 간다는 것이 무엇을 의미하는지 아는 바가 없다. 소말리아에서 괜찮은 결혼생활 같은 게 가능한지 실로 수수께끼다. 투르크메니스탄의 직장생활에 대해서나 알제리 사람들의 주말 일상에 대해 깜깜하긴 매한가지다. 뉴스는 소위 '중요한' 사건들(지진, 윤간, 마약에 취한 살인자들이 한 마을을 통째로 무차별 파괴한 사건) 쪽으로만 우리를 낙하산에 태워 보내고는 우리가 그 사건들에 합당한 충격을 느끼고 몰입할 것이라 여긴다.

하지만 사실, 우리가 애초에 동일시할 수 있는 행위와 태도로 접하지 않는 이상, 다시 말해 끔찍한 사건 속에서 모든 인류의 일상적인 순간들과 구체적 삶들을 발견하지 못하면 그 사건에 대해 제대로 관심을 기울일 수가 없다. 어쨌거나 이러한 사항들에 초점을 맞춘다고 해서 '진지한' 뉴스에 대한 관심을 다른 방향으로 돌려놓지는 못한다. 이는 오히려 오싹하면서도 파괴적인 모든 사건들에 진심 어린 관심을 갖도록 하는 기반을 제공한다.

이런 주장을 비판적으로 보는 사람들은, 우리가 나라 안의 평범한 삶에 관한 이야기를 읽거나 혹은 그에 대해 알거나 하지 못한다 하더라도 국경선 안에서 벌어지는 범상치 않은 사건들에 관심을 기울인다고 주장할지 모른다. 본능적으로 관심을 갖는다는 것이다. 하지만 이런 입장을 개진한다는 건 우리가 자기 나라 안에서 보내는 일상적 삶을 근거로 일상에 대한 판단을 자동적으로 이끌어내고 있다는 점을 깜박한 것이다. 우리는 기차를 타고, 회의에 참석하고, 상점에 가고, 아이들을 학교에 데려다주고, 시시덕거리고, 웃고, 심술을 부리는 게 어떤 건지 안다. 이것이 우리가 뉴캐슬어폰타인에서 유괴사건이 발생했다거나 에지배스턴에서 폭탄이 터졌다는 얘기를 들었을 때 즉각 그 일에 사로잡히는 이유다.

미래의 이상적인 언론은, 이례적인 일들에 대한 관심이 보통의 삶에 대한 사전 지식에 좌우된다는 걸 인식하면서 특정한 공감을 이끌어내는 기사를 항상 주문하게 될 것이다. 지구촌에서 가장 외지고 황폐한 장소에서조차도 변함없이 존재하는 인간 본성의 양상을 포함하는 기사 말이다. 아디스아바바의 거리 파티, 페루에서의 사랑, 몽골에서의 인척관계에 대해 알게 된다면, 대중은 언젠가 닥칠 파괴적인 태풍이나 폭력적인 쿠데타를 맞닥뜨렸을 때 그에 대해 좀더 관심을 보이려 할 것이다.

6

해외 뉴스 보도의 궁극적인 목적과 관련된 또다른 전제가 있다. 현재의 해외 뉴스는 국가와 산업에 관련한 문제에 암묵적으로 우선 순위를 양보하기 때문에 거의 대부분이 군사적 상업적 혹은 인도주의적 문제에 연관된 것들로 채워져 있다. 해외 뉴스는 우리가 어디서 누구와 싸우거나 교역을 해야 하는지 그리고 누구에게 동정심을 표해야 하는지 알려주고 싶어한다.

하지만 이 세 영역에 대한 관심은 실제로 우리 대다수에게는 중요한 게 아니다. 더 깊고 형이상학적인 수준에서, 해외 뉴스는 타자에게 인간성을 부여할 수 있는 수단을 제공해줘야 한다. 이때 타자란 우리를 본능적으로 밀어내고 지루하게 하고 겁에 질리게 하는, 산 넘고 바다 건너 사는 외부인들로서, 어떤 도움 없이는 그들이 우리와 공통점이 있을 거라고 상상할 수 없는 이들을 뜻한다. 해외 뉴스는 우리가 서로를 바라볼 때 좀더 인간적인 면을 볼 수 있도록 하는 방법을 발견해야 한다. 그럼으로써 지리, 문화, 인종, 계급이라는, 겉보기에 극복 불가능한 장벽을 초월할 수 있으며, 그 틈새에서 동질감이 자라날 수 있는 것이다.

많은 '고상한' 언론기관들은 다른 나라에서 밀려오는 이민의 물결에 분개하는 이들을 통렬히 비난해왔다. 하지만 이런 비난은 외국인에 대해 갖는 반사적인 의심이 그들에 대한 무지에서 생긴 일반적이고 거의 자연스러운 결과라고 보기보다는, 어떤 사탄의 표지라고 생각하는 데서 비롯하는 것이다. 언론은 (편협함에 대한 비효율적이고 죄책감이나 불러일으키는 성급한 비난과는 정반대 지점에 있는) 보다 상상력 넘치는 종류의 기사를 통해 이런 잘못들을 줄여나갈 수 있는 능력이 분명히 있는데도 실수를 범하고 있다.

이런 목적을 달성하기 위해 해외 뉴스는 예술의 몇 가지 기교들을 기꺼이 채택해야 한다. 조지 엘리엇이 말했듯, 매체로서의 예술은 "경험을 증폭하고, 우리의 개인적인 친분관계를 넘어서는 동료 인간들과의 접촉을 확장함으로써" 우리를 돕는다. 엘리엇에 따르면 그로 인한 가장 큰 이점은 '공감 능력의 확장'이다. 그 어느 때보다도 우리는 지금 이러한 공감 능력을 확장시킬 필요가 있다. 그건 부분적으로는, 우리가 받아들이는 수없이 많은 정보들이 우리 깊은 자아가 소화할 수 없는 데이터 혹은 추상적인 사실들로 다가오기 때문이다('콩고민주공화국 동부가 엄청난 인도주의적 위기에 직면'). 엘리엇은 계속해서 다음과 같이 쓴다. "일반화와 통계에 근거한 호소는 기성품 같은 공감을 요구한다. (…) 하지만 이를테면 위대한 예술가가 그려내는 인간의 삶은, 심지어 하찮고 이기적인 인간들조차도 그들과는 별개의 문제였던 것, 즉 도덕적 감정의 원재료라 부를 수 있는 것과 마주하고 주목하게 만든다."

간단히 말해, 이것이 해외 뉴스의 임무가 되어야 한다: 우리와 '별개의 문제인 것에 주목하도록' 애씀으로써 우리와 다른 나라의 국민들이 더 쉽게 서로의 만남을 상상하고 실질적인 원조를 하며 서로를 제대로 이해하도록 도와야 하는 것이다.

더 나아가, 뉴스의 심리학적인 존재 이유와 연결지어보면 해외 뉴스는 우리가 관점을 회복하도록 도와야 한다. 한 사회 안에서만 살다보면 우리의 특정한 문명이 주는 이점, 다시 말해 상대적으로 정교하게 만들어진 법률, 사회적 관습, 교육적 전통, 수송망 등에 대해 고마워하기는커녕 그것을 인지하는 것조차 잊어버리기 쉽다. 우리는 그걸 성취하기가 얼마나 지난했는지 깨닫지 못한다. 다른 나라들은 우리나라와 우리 삶의 방식에 대해 평가할 수 있는 척도를 제공하고, 우리로 하여금 우리나라 특유의 기벽, 맹점, 강점을 보도록 해준다. 다른 나라에 대한 뉴스 기사들은 자신이 속한 국가의 불완전한 자유와 상대적인 풍요를 새로이 제대로 인식하도록 이끌 수 있다. 그런 뉴스들이 없었더라면 우리의 문제의식은 그저 불평이나 비난의 문제로만 취급되었을 것이다. 혹은 우리에게 너무나 익숙해진 골칫거리들인데 다른 곳에서는 더 나은 해결책을 찾아냈다는 사실이 밝혀질 수도 있다. 어쩔 수 없는 것으로 보였던 것들이 실은 그저 문화적 선택일 뿐이었고 변화 가능한 것으로 드러날 수도 있다.

우리가 보기에 너무 빤하고 흔한 것들이 지닌 상대적인 미덕 혹은 결점을 조명하는 것이 뉴스의 임무가 되어야 한다.

7

회의론자들은 이런 생각이 너무 순진하다고 말하면서, 특정한 환경에 놓인 경우를 제외하고는 사람들이 외국에서 어떤 일이 벌어지고 있는지 진정으로 관심을 가지리라 기대할 수 없다고 주장할 것이다. 이런 논지에 따르면 해외 취재기사들은 언제나 우리를 지루하게 할 터인데, 왜냐하면 우리는 내심으로는 오로지 '우리 자신'에게만, 우리의 가족, 친구, 안전, 직업 그리고 머리 위 날씨 등으로 그 경계가 엄격히 국한된 이야기에만 흥미를 보이기 때문이라는 것이다. 그래서 이를테면 우리가 텔레비전을 통해 이탈리아 정부의 최신 동향에 대한 뉴스(로마의 마다마 궁에서 열린 상원의회 예산안 처리 과정 중 다시 아수라장이 벌어졌으며, 구 충성파가 신경을 곤두세우는 가운데 임시방편으로 새로운 연합이 형성되고 있다)를 접하면 반드시 하품을 하며 채널을 돌리게 되리라는 것이다.

하지만 이야기가 그렇게 끝날 리는 없다. 우리의 타고난 호기심은 이런 시각이 주장하는 것보다 실제로 훨씬 더 집요하기 때문이다. 우리는 외국에서 일어난, 지배당하고 죽어간 개인들의 운명에 사로잡히고 심지어는 눈물을 훌쩍거리기까지 할 수 있다. 동시대인도 아닌 수백 수천 년 전의 사람인데다 이상한 이름에 이상한 직업을 가졌고, 그들이 취하는 행동이 우리 삶에 어떤 식으로든 직접적인 영향을 끼치지도 않았는데 말이다. 우리는 어두컴컴한 극장에 두 시간 십오 분 동안 앉아, 친구 카시우스 롱기누스가 원로원에서 모종의 계략을 꾸미고 있다는 걱정스러운 소식을 들은 고대 로마 집정관 마르쿠스 브루투스에 대한 이야기에 흠뻑 빠지기도 한다. 이때 시공간적 거리는 아무런 의미가 없다.

우리는 어떻게 셰익스피어의 『줄리어스 시저』 속에서 벌어지는 일에 관심을 쏟게 되는 것일까? 어째서 우리는 우리 자신의 걱정거리와 동떨어진 것에 귀중한 정신적 자원을 기꺼이 소비하는 것일까? 그에 대한 대답은 다음과 같다. 이 작품이 겉보기에는 2000년 전 이탈리아 반도에서 일어난 특정한 정치적 음모를 다루고 있어도, 실은 **우리 자신**에 대한 이야기이기 때문이다.

적절하게 전해질 경우, 뉴스는 두 가지 차원에서 작동할 수 있다. 뉴스는 표면적으로 특정 시간과 장소, 지역 문화와 사회적 집단에 관한 일련의 사실들을 보여주는 **구체적 사건**을 다룬다. 이 사건들이 우리의 경험 밖의 일일 때 사건의 구체성은 지루하게 느껴지기 쉽다. 하지만 그 특수한 것의 한 층 아래에는 **보편적인 것**이 숨어 있다. 기사의 시간적 지리적 배경을 초월한 인간 본성의 변함없는 근본에 바탕을 둔 심리학적 사회적 정치적 주제들 말이다.

구체적으로 말해, 셰익스피어의 역사극은 고대 로마에 '대해' 다루고 있다. 이 작품은 카시우스 롱기누스가 마르쿠스 브루투스의 지원을 받아 카이사르(시저)를 암살할 계획을 짜는 동안 폼페이 전쟁에서 승전하여 귀환한 카이사르를 둘러싸고 일어난 다소 불가사의한 사건을 극화하고 있다. 하지만 보편적 차원에서 보면, 『줄리어스 시저』는 우리가 친구에게 무엇을 빚졌고 국가에 무엇을 바쳐야 할지를 어떻게 결정하며, 소문과 음모에는 어떻게 응해야 하고 불안과 공포를 무슨 수로 구분하는지 같은 불멸의 주제들을 정면으로 마주하고

정치 뉴스
중요하지만 곤혹스러울 정도로 따분한
이탈리아 공화국에서 전개되는 사건.

『줄리어스 시저』
기묘할 정도로 매혹적이고 중요한
로마 공화정에서 전개되는 사건.

있다. 『줄리어스 시저』는 좋은 의도가 비참한 결과로 이어질 수 있는 과정을 탐구하고, 품위 있는 인간일지라도 사건에 휘말렸을 때 겪게 되는 오류와 무분별함에 대해 숙고한다.

일반적인 뉴스가 셰익스피어 같은 솜씨로 작성되길 기대할 수는 없지만, 보편적인 것에 대해 셰익스피어만큼 관심을 기울이라고 요구할 수는 있을 것이다. 특히나 어떤 특정한 사건이 어리둥절할 정도로 먼 나라 일처럼 생경해 보일 경우는 말이다. 문화와 환경의 간극을 건너뛰어 지식을 제공함으로써, 인간 동료의 누적된 경험에서 새로운 영감, 경고, 인도, 통찰력을 길어올릴 수 있도록 이야기를 전하는 여러 방법이 있다.

8

우리가 다른 곳에 대해 알고자 하는 욕구를 모두 잃은 건 아니다. 우리는 아주 예전에는 이른바 이국 땅에서 벌어지는 이야기를 들으려고 줄까지 섰던 생명체들이다. 문제는 현대의 뉴스 매체가 발전시킨 보도 방법론(다른 방법은 거의 모두 배제한 채, 정확하고 기술적으로 신속하지만 비인간적인데다 위기에만 초점을 맞춘 보도 방침)이 일종의 세계화된 배타적 편협함 속으로 잘못 빠져들었다는 점이다. 그로 인해 우리는 정말 많은 것들을 알지만 실제로 그에 대해 별 관심을 기울이지 않게 되었고, 잘못된 종류의 얕은 지식이 우리 호기심의 지평을 확장시키기보다는 좁혀버렸다.

하지만 매혹과 공감을 느끼는 우리의 능력은 그저 깜박 잠들었을 뿐이다. 그 능력이 다시 한번 힘을 얻으려면, 해외 뉴스가 예술의 창작 과정을 수용할 필요가 있다.

세부 사항들

아마마 음바바지 총리실의 수백만 달러에 달하는 현금이 개인 계좌로 흘러들어갔다고 우간다 정부 회계감사관이 보고했다. 음바바지 총리는 현금을 도둑맞았다는 사실을 인정했지만 사건과의 관련성은 부인하고 있다. 우간다 대통령 고문 존 너젠더는 정부가 이 비리 의혹 사건의 책임자들을 법정에 세우기로 결정했다고 밝혔다. 그는 모든 우간다 국민이 부패라면 '완전히 진저리를 치고 있다'고 말했다. 음바바지 총리는 위법행위를 부인했으나 자신의 총리실에서 '대형 절도 사건'이 벌어진 사실은 시인했다.

BBC

1

BBC의 우간다 담당 데스크를 만나러 갔을 때다. 나이지리아 담당 동료가 가져와 인심 좋게 나눠준 바나나 케이크를 함께 맛보면서, 나는 할 수 있는 한 가장 완곡하게, 기자들이 담당 국가에서 부지런히 모아 냉담한 세상에 퍼뜨리기 위해 애쓴 그 뉴스들에 실은 그다지 관심이 가지 않는다는 걸 알리고자 애를 썼다. 그날만 해도 우간다 총리 집무실에서 1200만 달러에 달하는 원조 자금에 대한 뻔뻔한 도난 사건이 발생했다는 뉴스가 보도되었는데 말이다.

2

우간다 정치 뉴스라고만 보면 이 사건은 분명 상당한 중요성을 띤 문제다. 하지만 BBC 홈페이지에서 이 기사는 유부남 축구선수가 영국에서 가장 유명한 TV 출연 요리사의 아내 품에 안긴 사진이 유출됐다는 기사, 그리고 몬테카를로 해안에 정박해 있던 미국 인터넷 업계 억만장자의 요트에서 어느 프랑스 여배우가 묘한 상황 아래 부상을 입었다는 기사와 경쟁하는 불운을 겪었다. 예상대로 우간다 기사는 거의 주목받지 못했다.

BBC의 우간다 담당 기자들은, 나와 내가 속한 사회의 무관심에 대해 응당 그럴 수 있으리라고 짐작한 것보다 훨씬 더 관대한 태도를 보였다. 나중에는 우간다 북부의 난민 캠프에서 십대 시절 몇 년을 살았던 젊은 우간다인 팀원 한 명이 나에게 우간다에 직접 **가보는** 게 가장 좋겠다고, 그러면 지금까지 나를 쓱 비켜갔던 뉴스에 대한 관심이 생겨날지도 모른다고 말했다.

3

그래서 나는 우간다로 갔다. 가보고 싶었기 때문이 아니다. 정확히 말하자면, 정말 가고 싶지 않았는데 그러면서도 왜 가고 싶지 않은지 알고 싶었다. 어째서 해외의 그 어떤 소식도 대다수 국내 대중에게는 전혀 먹히지 않는지, 또한 이런 무기력함과 방관적 자세를 지탱하거나 조장하는 데 뉴스가 어떤 역할을 하는지에 대한 내 생각을 좀더 발전시키고자 우간다로 향했다.

내가 첫번째로 놀랐던 건 우간다에 가기 위해서 꽤 긴 여정을 거쳐야 한다는 사실이었다. 과학기술의 발달로 인해 이 명백한 정보를 오히려 잘 알 수 없게 되었다. 대부분의 인간 역사에서 바다를 건너는 여행과 통신이라는 난관들이 워낙에 무시무시했던지라 국가 사이의 지리적인 (또한 심리적이고 문화적이기도 한) 거리는 계속해서 그리고 자동적으로 강조되었다. 이제는 단말기 화면을 톡톡 두드리기만 하면 해저의 SEA-ME-WE4 인터넷 케이블을 따라 빛의 속도로 마르세유에서 지부티까지 무료로 여행할 수 있고, 해저 광케이블 EASSy를 타고 몸바사에서 캄팔라까지 여행할 수 있다.

지루해하거나 참고 견딜 필요도 없다. 하지만 이전에는 대양을 가로지르거나 간단한 소식을 전하는 것만 해도 막대한 시간과 비용이 드는 큰일이었다. 그러니 모든 사람들은 지금은 사라지고 있는 듯한 어떤 교훈의 확실한 영향력 아래 있었다. 인류의 경험이란 우리가 우리 자신만의 정적이고 좁은 시점에서 밖을 응시할 때 상상할 수 있는 것보다 훨씬 복잡하고 흥미로우며, 그렇기에 지구와 그 위 대지가 펼쳐 보이는 신비 앞에 늘 열려 있고 호기심과 겸손함을 갖는 것이 우리가 그것들에 대해 갖춰야 하는 기본적인 예의라는 교훈 말이다.

우간다로 가는 방법이라고는 두 달에 걸쳐 위험천만한 희망봉 주변의 바다를 돌아 다르에스살람•으로 향한 다음, 또 몇 달 동안 다시는 돌아갈 수 없을지도 모를 온갖 불확실성을 떠안은 채 수풀과 사막을 헤치며 여행하는 길뿐이었던 시절에는 이러한 교훈이 자연스럽게 마음에 뿌리내렸을 것이다. 우간다에 갔던 최초의 유럽인이자 니얀자 호수에 빅토리아 호수라는 새 이름을 붙인 인물인 존 해닝 스피크는 1859년에 영국으로 돌아온 뒤 켄싱턴의 왕립지리학회에서 거의 히스테리 상태에 빠진 800명의 군중에게 자기가 한 여행에 대해 강연했다. 이들에게 '해외 뉴스'란 의심의 여지없이 엄청나게 흥미진진한 것이었다. 스피크는 탄자니아의 마냐라 호수 근처에서 난폭한

• Dar es Salaam: 탄자니아의 옛 수도로, 산업도시이자 항구도시.

사냥꾼들의 습격을 받아 창에 양볼을 꿰뚫렸다고 말했다. 며칠 뒤에는 딱정벌레가 귓속으로 기어들어와 고막을 쏠기 시작했고, 결국엔 나이프로 긁어내야 했다고도 말했다. 그가 마침내 오늘날 캄팔라 시가 들어선 열대지방의 울창한 산 위에 오른 순간은, 1863년에 출판돼 베스트셀러가 된 그의 여행기 『나일 강 수원 발견기』에 생생하게 묘사돼 있다.

> 우리가 낮은 구릉을 타고 오르자 나무가 울창하게 우거진 풍경이 눈이 닿을 수 있는 곳까지 뻗어 있었다. 나는 그곳이 단정하고 정연하다는 사실에, 또한 그곳의 표현할 수 없는 아름다움과 풍요로움에 무척이나 충격을 받았다. 벵골이나 잔지바르의 어떤 지역이라 해도 이곳을 뛰어넘을 수 없었다. 내 부하들이 한목소리로 외쳤다. "아, 이 사람들 좀 봐!" (…) 나는 여기에 한 달은 머물고 싶은 기분이 들었다. 모든 게 정말로 즐거웠다. (…) 지역 전체가 한 폭의 정물화처럼 아름다웠고, 그 뒤로는 끝없이 광활하게 펼쳐진 빅토리아 호수가 있었다. (…) 밤에는 하이에나 한 마리가 내 막사로 찾아와 잠든 부하 둘 사이의 통나무에 묶여 있던 염소 한 마리를 물어갔다.

이런 유의 이야기를 접한 최초의 청중이, 바람둥이 축구선수 이야기에 상응하는 19세기적 등가물 때문에 정신이 산란해질 위험은 거의 없었다.

지금도 우간다로 향하는 여정은 도저히 유람이라 할 수 없다. 보잉 767을 타고 런던과 엔테베 사이 약 6500킬로미터를 여덟 시간 동안 비행하다보면 이 행성의 크기를 확실하게 가늠해볼 수 있게 된다. 비행기가 이륙하고 여섯 시간 뒤에는 차드에 있는 오우니앙가 케비르 근처에 끝없이 펼쳐진 황토색 사막 위를 날기 시작했다. 이제 유럽은 아주 멀리 떨어져 있다. 한 시간이 더 흘러 끝없이 계속되는 지루함 속에서 기내 잡지를 다시 한번 샅샅이 훑을 때쯤 비행기가 북수단 상공에 진입한다. 항공사 노선도에 적힌 지명들(에미 쿠시, 암 제레스, 움 부루, 무하지리아)은 그 자체로 강렬하면서도 기묘하게 시적이다. 이런 지명들은 비행기가 이 지점에서 추락하기라도 한다면, 생각과 삶의 방식이 크게 달라질 사람들이 사는, 예측 불가능하고 알 수도 없는 곳이 수없이 많다는 것을 상기시킨다. 이제 지난밤 늦게 하운즐로에서 만들어진 간식(치즈나 계란과 크레스 샌드위치)이 나온다. 샌드위치를 먹는 몇 분이면 코갈리와 탐부라 사이를 지나는데, 두 도시 사이를 걸어서 이동하려면 닷새 정도가 걸린다. 마침내 콩고민주공화국 상공에 이르자 안전벨트를 매라는 표시등에 불이 들어오고, 기장의 감사 인사에 이어 입국 절차와 말라리아에 대한 주의사항이 방송된 뒤, 비행기는 호이마와 루웨로를 지나 엔테베를 향해 하강한다. 주위를 감싼 빅토리아 호수는 타르빛 어둠에

존 해닝 스피크(1827~1864년).

뉴스는 이 사람처럼
먼 곳의 소식을 전하는 데
결코 열정적이지 않다.

잠겨 있고, 호수 위에는 수백 척 작은 낚싯배들의 램프 불빛이 점점이 깜박인다.

이제 우리는 '이국적'인 것이라면 무엇이든 경계한다. 외국의 것을 이국적이라며 상찬하는 것은 위험할 정도로 촌스럽고 오만하며 어쩌면 인종주의적으로까지 보인다. 해외 뉴스는 여행기와 더불어 이국정조를 드러내는 모든 것들과 적극적으로 거리를 두어왔다. 다른 문화를 과대평가하지도 폄하하지도 않도록 조심하면서, 해외 뉴스는 영구히 중립적 어조를 유지하는 절충안을 택했고, 자신들이 보도하는 멀고먼 세상 구석진 곳의 삶의 방식이나 관례에 대해 결코 어떤 경이로움도 표하지 않는다. 해외 뉴스는 자신이 어디에 있는지에 대해서 전혀 놀라지 않는 것처럼 보인다. 결혼식 날 신부가 신랑에게 염소를 주는 곳, 만찬으로 **심심** 페이스트•가 곁들여진 **루웜보**••가 나오는 곳, 한낮에는 그늘에서도 섭씨 30도까지 오르는 곳에서 취재하고 있다는 사실에 전혀 경탄하지 않는 것이다. 뉴스는 감탄도 노골적인 논평도 삼가면서, 재정 비리 사건에서 우간다 총리가 어떤 역할을 했는지에 초점을 맞춰 취재한 자신의 기사가 정말이지 하나도 재미가 없다는 점을 그저 순순히 인정할 뿐이다.

그럼에도 불구하고 우간다에 착륙하는 순간, 충분히 이국적으로

• 참깨 페이스트의 일종.

•• 우간다의 크리스마스 음식. 튀긴 닭과 버섯, 양파를 바나나 잎에 싼 뒤 쪄서 만든다.

받아들일 만한 것들 앞에서 충격을 받지 않을 도리가 없다. 늘어선 집들의 벽을 따라 손으로 그린 비드코 사의 화려한 '골든 프라이 슈피리어 베지터블 오일' 광고, 페이션스와 이그네이셔스와 케네스 같은 새롭게 사귄 친구들의 이름, 고기 굽는 냄새와 모닥불 연기 냄새, 연푸른 아침 하늘을 빙빙 돌다가 통신회사의 안테나 기둥에 내려앉은 대머리황새와 위버새와 부채머리새, 교통안전지대 한가운데 자라고 있는 무화과나무, 그리고 (굉장히 자주) 일정이 지연될 때마다 어느 곳에서건 꾸준히 반복되는 우간다 속담 '급할수록 돌아가라'가 그런 것들이다.

4

기행문학은 우리가 동일시할 수 있는, 그리고 우리 자신처럼 다른 나라에 대해 이런저런 추측과 두려움을 품는 서술자의 눈을 따라 외국을 소개한다. 그 서술자들도 고향을 그리워할 테고 열병과 벌레들을 무서워할 테다. 또한 자신의 나약함과 그곳에서 느낀 흥분과 절망을 시인할 것이다. 캄팔라로 향하는 주도로를 따라가던 중 '힘을 모으면 마르부르크병을 퇴치할 수 있습니다'라는 설득력 없어 보이는 약속을 내건 커다란 현수막을 보게 되면 저널리즘적 냉정함으로 무장한 그들도 움찔할 것이다(마르부르크병은 전염성이 무척 높은 출혈열성 바이러스에 의한 병으로, 감염자의 80퍼센트가 이틀 안에 죽음에 이르는, 우간다 상당수 지역에 만연한 풍토병이다).

그렇지만 오늘날 이런 식으로 사적인 감정을 내비치는 서술자는 보도의 객관성을 침해하는 존재로 여겨진다. 따라서 해외 뉴스는 그 어떤 목소리나 개성을 가지고 소식을 전하려 하지 않는다. 하지만 사건에 대해 솔직하게 표현하는 특파원의 왜곡된 렌즈를 통해 다른 나라를 접하는 것이 시청자들에게 제아무리 해가 될 수 있다손 치더라도, 이는 이국적인 그 어떤 것에도 단순히 반응하는 것조차 은연중에 거부함으로써 세상에 대해 더 많이 알고 싶은 우리의 욕망을 치명적으로 손상시키는, 겉보기에는 중립적이고 정확한 기자들이 생산한 숨막히는 지루함에 비견할 바는 못 된다.

5

이른바 '주요 사건'들을 우리에게 알리는 데 급급한 나머지 뉴스가 잊고 만 것이 있다. 우리가 어떤 나라에서 벌어지는 일에 개입하고 있다는 느낌을 가지려면, 그 나라 사람이나 장소에 대한 좀더 깊은 흥미를 유발하는 사소한 이미지나 감각적인 요소가 반드시 필요하다는 점 말이다. 만약 우간다 뉴스에 진짜 관심을 갖고자 한다면, 우선 캄팔라에 있는 망고나무들에 대해 알 필요가 있을 것이다. 한 시간 정도 열대성 소나기가 내리고 나면 망고나무의 달콤한 향기가 군중으로 가득한 대로 위를 떠다닌다. 전형적인 캄팔라의 사무실을 둘러보는 것도, 이 나라의 학교는 어떻게 운영되는지를 살펴보는 것도, 그곳의 예절에 대해 배우는 것도, 지역 신문인 〈뉴 비전〉을 훑으면서 최근 벌어진 범죄에 관한 기사를 읽어보는 것도 도움이 된다.

> 전직 의료조합 회장인 의사 아폴로 냥가시는 아내 크리스틴과 재산 문제로 아옹다옹하다 그녀를 살해한 죄로 유죄 판결을 받고 종신형을 선고받았다. 지난 수요일, 고등법원 판사 제인 키군두는 판결을 내리면서 냥가시의 행동이 무례하다고 말했다. 냥가시는 2010년 7월 24일 와키소 지구 키레카 키라 지역에 위치한 자택에서 범행을 저질렀다. 부부는 17년 동안 결혼생활을 했고 두 자녀를 두었다. 지방 검사는 그가 부인을 잔인하게 살해했다는 사실을 근거로 냥가시에게 사형 판결을 내려달라고 법원에 요청했다.

이 기사의 어조야말로 여행해온 거리를 어느 정도 실감하게 한다. 판사는 한 남자가 부인을 살해한 사건을 그저 '무례한' 일로 간주했고, 지방 검사는 살인 그 자체에 적합한 형벌이 사형이라고 주장한 게 아니라 아폴로가 보다 온화한 방법으로 크리스틴을 숨지게 하지 않고 '잔인하게' 살해했기에 사형을 요청했다. 재산을 둘러싸고 '아옹다옹'했다는 표현 역시 어리둥절할 정도로 차분하게 들린다('아옹다옹하다가 제가 그녀를 망치로 때려죽였습니다……'). 의도한 것은 아니겠지만 기사는 낯선 세계를 보여준다. 이 세계는 폭력이 하나의 선택적 행동으로서, 좌절과 불편함에 대한 반응으로서 언제든 발생하기 쉬운 곳이다. 또한 이 기사는 상시적이고 강력한 위협에 시달리는 아수라장 속에 놓인 이 지역 뉴스 매체가, 보다 법질서가 확립된 나라의 선정적인 매체와는 달리, 가장 조신한 완곡어법으로 사건을 전달할 수밖에 없다는 것을 보여준다.

6

나는 시면초가에 놓인 우간다 총리의 기자회견에 BBC 특파원과 동행한다. 총리는 지난 몇 주 동안 절도 혐의로 외국 정부들뿐 아니라 자기 수하들로부터도 비난을 받았다. 그런 상황에서 뉴스는 다른 무엇보다도 딱 하나를 요구한다. 50개 단어 내외의 총리 쪽 주장과 그에 이어지는 반대편 대변인의 또다른 50개 단어.

하지만 저널리즘의 이런 짜맞춰진 형식조차도, 의도하지 않은 방식으로나마 다른 나라 사람들이 우간다에 대해 좀더 알 수 있는 기회를 제공한다. 예를 들면, 2010년 캄팔라에서 열린 아프리카연합 정상회담(카다피가 참석한 마지막 대형 행사였다)에서 총리가 무아마르 카다피 대령을 포옹하는 모습을 담은 커다란 사진이 아직도 눈에 잘 띄는 곳에 걸려 있는 이유를 생각해볼 수 있다. 아니면 마치 포르노 감독이 영화 속 영향력 있는 CEO가 앉을 의자로 점찍었을 법한 70년대 스타일의 검정색 가죽 회전의자가 회의장 테이블을 둘러싸고 있고, 그 의자에 총리와 그의 보좌관들이 왕좌에 앉은 듯 앉아 있다는 것을 알아챌 수도 있다.

우리의 주인공이 동시대 저널리즘의 규범을 따르는 어떠한 종류의 답변도 단호하게 거부하는 모습을 통해서도, 우리는 우간다에 대해 배울 수 있다. 자신에게 씌워진 혐의 때문에 사퇴해야겠다는 생각이 들진 않느냐는 질문을 받았을 때, 그는 마음이 상한 듯하지만 느릿하게 미소지으면서 연극을 하듯 빙 둘러 대답을 했다. 마치 남부 침례교회 목사의 영국식 발음과 사형 집행인(실제로 그는 오랫동안 안보기관의 수장이었다)의 침울한 어조를 기묘하게 결합한 듯한 목소리로 "친구 여러분" 하고 그는 말을 꺼낸다. "친애하는 여러분, 여기 오신 분들은 모두 저의 친구입니다. 우리 우간다 국민은 온 세계에 우정의 손길을 건네고 있습니다. 불신과 슬픔으로 충만한, 당연한 책임 추궁을 위해 이 자리에 모인 여러분에게도 마찬가지입니다. 분명하게 말씀드릴 수 있는 건, 가장 가난한 사람들뿐 아니라 이곳에 번영을 가져온 사람들 모두를 포함한 우간다 국민 모두를 위해, 지금도 내일도 그리고 신께서 허락하신 날까지, 우리가 건설하려는 우간다의 미래에는 다시는 그 어떤 불미스러운 일도 벌어지지 않으리라는 사실입니다." 이는 분명 깔끔히 우겨넣어 단신으로 내보내기에는 어려운 진술이다.

만약 뉴스 기사에 일반적으로 인정되는 나름의 기준이 있다면, 그 기사들을 뒷받침하는 사진 자료 역시 마찬가지다. 책상 앞에 앉아 있는 상반신 사진이나 비행기에서 내리는 관료들의 사진, 연단에 선 남자의 사진 같은, 너무 특이하지도 않고 너무 '예술적'이지도 않은 관례적인 사진 말이다. 하지만 만약 작가와 함께 캄팔라에 온 사진기자가 그 룰을 깨고 사진을 촬영한다면 어떨까. 뭔가 색다른 것을 얻을 수 있지 않을까 싶다. 이를테면 기자의 퉁명스런 질문을 받은 순간 충격을 받고 흔들린 총리의 눈빛을 사진에 담거나, 우리가 **그**를 취재하는 동안 **우리**를 녹화하라고 그로부터 지시받은 여성 보좌관을 찍는다면 어떨까. 국제앰네스티에 따르면 우리가 있는 건물의 지하에는 고문실이 있는데, 이 여성 보좌관은 그 고문실의 열쇠를 총리가 쥐고 있음을 은근히 상기시킨다.

훌륭한 사진기자는 한 장의 이미지에 폭넓은 주제를 압축해낸다. 그저 남자 몇이 화려한 호텔 로비에서 빈둥빈둥 대기하고 있는 모습을 보여줌으로써 국가 전체의 고질적인 부패를 알릴 수도 있다. 혹은 제50회 우간다 독립기념일을 경축하는(비록 이게 딱 들어맞는 단어는 아닐지라도) 퍼레이드에 참가한 연주자의 낡아빠진 튜바에 초점을 맞추는 것만으로 우간다의 극심한 가난을 보여줄 수도 있다.

7

미국의 시인 윌리엄 카를로스 윌리엄스는 「아스포델, 저 초록꽃 Asphodel,

스튜어트 프랭클린, 〈우간다 총리〉, 2012년.
스튜어트 프랭클린, 〈캄팔라의 세레나 호텔 로비〉, 2004년.

스튜어트 프랭클린, 〈금관악기, 우간다 호이마에서 열린 독립기념일 행사에서〉, 2012년.

That Greeny Flower」(1955)이라는 시에서 다음과 같은 유명한 구절을 썼다.

시에서 뉴스를 얻기는
어렵다
하지만 사람들은 날마다 비참하게 죽는다
시가 발견한 것을
깨닫지 못하여

'죽는다'는 부분은 당연히 과장된 진술이다. 윌리엄스가 두려워하는 것은 시를 일상적으로 접하지 못할 때 우리가 생기를 잃고, 자신을 이해하기를 중단하고, 공감의 힘을 무시하거나, 상상력도 없고 부서지기 쉬운 메마른 존재가 될지도 모른다는 사실이다. 윌리엄스에게 문학이란, 이전 시대의 조지 엘리엇과 마찬가지로, 우리에게 세상을 환기시키는 매체다. 뉴스는 외관상 치열한 심각성을 지닌 듯 보인다. (그 심각성으로 인해 시가 차지하기를 바라 마지않던 우리의 관심을 뉴스가 가져가버린다는 걸 현명한 이라면 금세 알아챘다.) 하지만 예술가는 뉴스의 심각성이 지닌 위험한 마취 효과를 인식한다.

그럼에도 이 등식(삶으로서의 시, 죽음으로서의 뉴스)이 영구적인 법칙은 아니다. '뉴스' 자체의 존재 형식에 문제가 있는 건 아니다. 기사는 본질적으로 특정한 순간에 세상에서 벌어지고 있는 일 이상의 다른 것을 드러내지는 않기 때문이다. 뉴스 내용 자체가 문제인 것도 아니다. '삶'을 억제하는 형태의 뉴스가 너무 자주 이 세상에 가득찰 뿐이다. 하지만 만약 톨스토이, 플로베르, 혹은 소포클레스가 뉴스 편집실에 앉아 있었다면, 매체는 우리에게 우리의 영혼이 '죽어가는' 걸 막기 위해 필요한 것들을 좀더 제대로 주었을지 모른다. 왜냐하면 『전쟁과 평화』 『보바리 부인』 『안티고네』의 최초 형태는 윌리엄 카를로스 윌리엄스가 부당하게 공격했던, 바로 그 뉴스 사건들이었을 것이기 때문이다.

8

「아스포델」이 발표되기 16년 전, 시인 W. H. 오든은 자신의 시 「미술관」에서 독자들을 브뤼셀로 이끌어 〈추락하는 이카로스가 있는 풍경〉이라는 그림 앞에 데려다놓는다. 이 그림은 오랫동안 브뤼헐의 작품이라고 알려졌으나 이제는 그의 제자 중 한 명의 작품으로 받아들여지고 있다.

이 그림은 겉으로는 목가적인 풍경을 보여준다. 배들은 항해중이고, 목동은 양떼를 돌보고 있으며, 멀리 보이는 도시는 부유하고 질서정연한 것처럼 보인다. 하지만 캔버스 아래 오른쪽 구석에는 아무에게도 주목받지 못하는 비극이 펼쳐지고 있다(이때도 뉴스가 있었다면 그날 일어난 다른 사건이 헤드라인을 차지했을 것이다). 무모한 이카로스는 손수 밀랍으로 만든 날개가 태양열에 녹는 바람에 지금 막 바다에 추

피터르 브뤼헐의 제자, 〈추락하는 이카로스가 있는 풍경〉, 1565년경.

〈추락하는 이카로스가 있는 풍경〉 부분.

락하여, 죽음을 향해 곤두박질친다. 그림 중앙에서 의연하게 쟁기질을 하는 사람은 '사람이 죽는다고 쟁기질을 멈추진 않는다'는 유명한 격언에 바탕한 것이다.

이카로스를 주목한 사람은 많지 않았다. 하지만 화가가, 그리고 이제 시인이 주목했다. 이를 통해 오든이 우리에게 말하고 싶은 것은 바로 예술가가 **하는** 일이다. 예술가들은 하찮은 것에 주목한다. 작고 눈에 띄지 않는 것, 다른 사람들(쟁기질하는 사람과 목동, 여러분과 나, 그리고 바쁜 저널리스트)이 놓치고 지나가지만 우리의 무관심과 냉담함을 거두도록 하는 데 있어 본질적인 것 말이다.

9

우리에게 필요한 건 이런 해외 뉴스다. 구체적인 것들에 더 끈질기게 매달리는 뉴스, 예술이 주는 교훈을 마음을 열고 받아들임으로써 사건에 대한 우리의 흥미를 불타오르게 만드는 뉴스, 시인과 여행작가와 소설가의 기예를 저널리스트가 전수받아 (가끔은 뉴스 편집실의 조용한 구석자리 어딘가에 작가들을 위한 책상도 마련해두고) 작성하는 뉴스 말이다. 우리가 이 행성에 숨겨진 아름다움과 비극을 그렇게나 일상적으로 태평하게 지나칠 수 없도록.

사진

버락 오바마 대통령의 대외 홍보용 사진 (게티 이미지)

1

현대 세계의 뉴스 편집실에서 사진 편집기자보다 더 억압받고 혹사당하는 인물은 없다. 뉴스 기사의 시각적 영역을 편성하는 책임을 지고 이 임무를 수행하는 남녀들은 거의 항상 똑같은 불평을 (상사가 자신을 부르는 소리가 안 들리는 곳에서) 반복한다. "아무도 더이상 사진을 안 믿어."

이는 사진이 기사를 뒷받침하는 데 더이상 쓸모없다는 소리가 아니다. 오히려 그 반대다. 그 어느 때보다도 많은 이미지들이 우리가 소비하는 기사에 삽입된다. 문제는 그것들을 제작하고 보여주는 데 어떤 의지가 결여되어 있다는 점이다. 사진은 여전히 사용되지만, 사진을 찍고 확인하고 가장 잘 나온 사진에 가격을 지불하는 과정에서의 논쟁은 생략된 듯 보인다. 매체에 실리는 사진들 대다수가 지나치게 압축적이고 밋밋하며 반복적인데다 상투적이고 부수적이라서, 단색으로 죽 이어지는 본문의 흐름을 끊어주는 색깔 덩어리 이상으로 보이지 않는 게 당연하다.

편의상 우리는 뉴스 사진을 두 가지 장르로 나눠볼 수 있다. 첫번째는 **실증**하는 이미지다. 이 이미지는 기사를 통해 어떤 사람 혹은 사건에 대해 알게 된 것을 시각적으로 확인해주는 것 이상의 역할은 거의 하지 않는다. 예를 들면, 대통령이 연설을 했다는 기사 옆에서 사진은 그저 이 사실을 증명할 목적으로 함께 실릴 뿐이다. 이때 사진이란 이미 언어로 설명된 사건의 현실성을 보완하기 위해 추가적으로 제공된 증거 역할을 한다.

두번째는 다른 종류의, 보다 드문 이미지다. **폭로**하는 사진이 이에 해당한다. 이런 사진은 단순히 기사 본문이 우리에게 전하는 것을 보조하는 차원에 머무르지 않고 우리 앎의 수준을 새로운 지점으로 **향상**시키려는 의지를 갖고 있다. 그런 사진은 상투성에 도전하려 한다.

만약 사진 편집기자가 살짝 좌절한 사람처럼 보인다면, 그건 그들이 속한 산업이 요구하고 값을 치르고자 하는 사진들이 거의 항상 첫번째, 그러니까 두 장르 중 좀더 저렴하고 덜 유용한 쪽에 속한다는 사실에 날마다 직면하기 때문이다.

2

실증하는 이미지와 폭로하는 이미지라는 이분법의 유사한 사례를 미술, 특히 인물화와 역사화에서 발견할 수 있다. 예를 들어 우리는 프랑스 왕 앙리 4세를 그린 그림 두 점을 비교해볼 수 있을 것이다. 알려지지 않은 17세기 화가가 그린 첫번째 그림에서, 이 군주는 친절하긴 하지만 꼬장꼬장하고 속을 알 수 없는 사람처럼 보인다. 우리는 이 그림 속 인물이 실제 인물과 그럭저럭 닮았을 거라는 믿음을 가질 수는 있지만, 왕이 어떤 사람이었는지 아는 데는 별 도움을 받을 수 없다. 이와는 대조적으로, 앵그르가 19세기 초에 그린 그림 속 앙리 4세는 말 혹은 당나귀 노릇을 하면서 바닥에 팔을 뻗고 누워 아

작가 미상, 〈앙리 4세의 초상〉, 17세기.

장오귀스트 도미니크 앵그르, 〈에스파냐 대사를 접견하는 앙리 4세〉, 1817년.

이들과 노는 모습으로 그려져 있다. 캔버스 왼편에 에스파냐 대사가 왕을 알현하고자 막 도착했지만, 왕은 놀이가 끝날 때까지 조금만 기다려달라고 요청하고 있다. 앵그르가 그려낸 앙리 4세의 이미지는 그가 실존했고 턱수염을 길렀다는 사실을 확인하는 수준을 넘어 우리에게 한 정치가의 영혼에 대해 생각해보자고 청한다.

3

모든 위대한 뉴스 사진은 이와 비슷하게 현실에 대해 우리가 갖는 불완전하고 편견에 찬 이미지를 질적으로 바꿔놓는다.

예를 들어, 나는 내가 아동 강제 결혼에 대해 안다고 생각했다. 스테퍼니 싱클레어가 찍은 사진을 보기 전까지는. 혼인을 해야 하는 어린 신부들은 더이상 아이로 남을 수 없다는 생각을 해본 적이 없었던 것이다. 그런데 결혼은 순식간에 아이들을 조그만 노부인으로 바꿔놓았다. 그들의 표정에는 체념, 침통함, 배신감, 그리고 무한한 슬픔이 뒤섞여 있다. 앞뒤로 나란히 서 있는 아이들의 남편은 내가 상상하던 짐승 같은 어른이 아니다. 그들은 순박하고 선량하며 혼란스러운 듯 보이고, 아직 어린아이 같아 보인다. 부조리하게 맺어진, 가슴 저리고 저주받은 이들 부부가 심지어는 서로에게 위안이 되어줄 수도 있을지 모르겠다는 생각을 이전에는 가져본 적이 없다.

스테파니 싱클레어, 〈타하니와 가다, 예멘〉, 2010년.

나는 전쟁이 어쨌든 좋은 게 아니고, 때로 무고한 사람들이 십자포화 속에서 죽임을 당한다는 사실을 알고 있다고 생각했다. 하지만 전쟁을 피하기 위해서라면 그 어떤 외교적 시도도 가려서는 안 된다고 내가 얼마나 간절하게 생각하고 있었는지, 또한 피로 물든 아들 앞에서 통곡하는 아버지가 생기지 않도록 전쟁을 피할 수만 있다면 중대한 전략적 이점 같은 건 포기해도 상관없다고 얼마나 진심으로 생각하고 있었는지는 미처 깨닫지 못했다.

나는 내가 세상에 대해 안다고 생각했다. 하지만 이제 나는, 지금껏 셀 수 없이 많은 사진을 보고 수많은 출판물들을 읽었음에도 우리 행성 위에 존재하는 나라들 대부분에 대한 내 심상이 기껏해야 하나 정도에 불과했다는 사실을 깨닫는다. 칠레나 페루에 관해서는 애를 쓰면 관련된 이미지가 겨우 떠오르기는 하지만, 부룬디나 니제르가 어떤 모습일지는 전혀 감이 안 온다. 부르키나파소나 솔로몬제도에 대해서도 떠올릴 수가 없다. 최소한 내게 킨샤사에서는 ('가전제품 판매'라고 프랑스어로 쓰인 간판을 보며) 상점에서 가재도구를 팔고, 사람들이 프랑스어를 쓰며, 이곳 젊은이들이 온갖 골칫거리들 속에서도 여전히 웃고 즐길 줄 안다는 사실을 가르쳐주는 사진에 매료되는 건 그래서다.

나는 오바마 대통령에 대해서도 안다고 생각했다. 그가 미국 대통령을 상징하는 독수리 문장을 배경으로 연설하는 모습을 수없이 많은 사진을 통해 봐왔기 때문이다. 나는 그가 당선되기 위해서라면

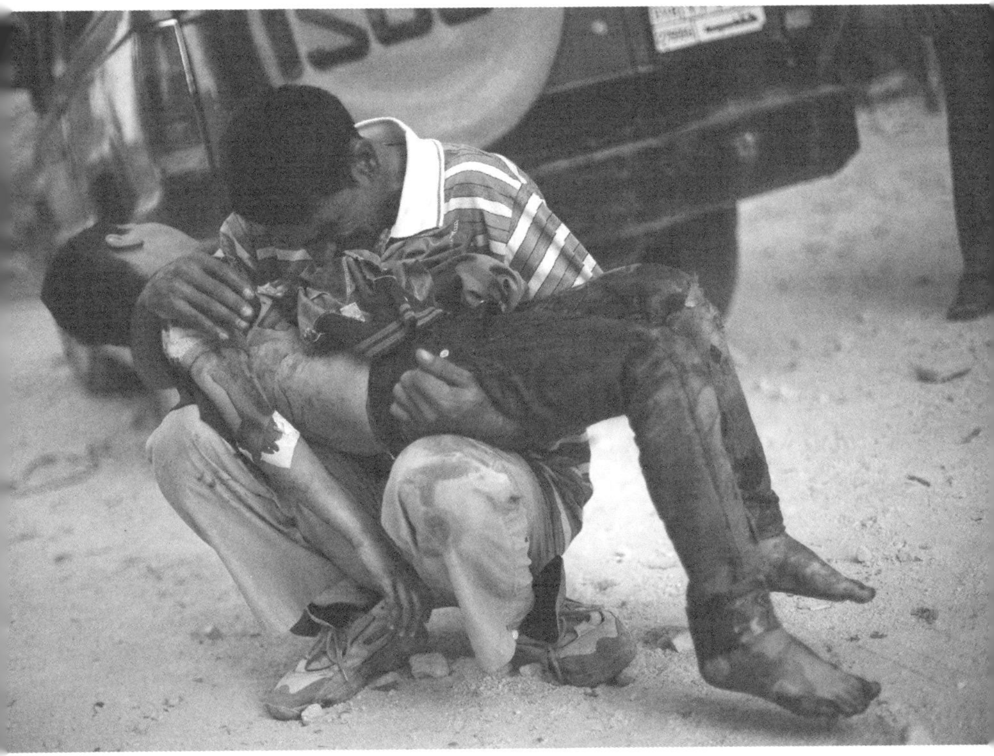

마누 브라보,
〈한 시리아 남자가 알레포의 다르엘시파 병원 인근에서
시리아 군대에 살해당한 아들의 시체를 끌어안고 통곡하는 모습〉,
2012년.

스튜어트 프랭클린, 〈킨샤사 거리의 삶〉, 2004년.

어느 정도 연기를 할 줄 아는 사람이라는 건 알았지만, 연기할 필요가 없는 순간에도 한 아이를 기쁘게 하기 위해서 연기를 할 줄 아는 사람이라고는 생각하지 못했다. 나는 백악관 전속 사진작가 피트 수자가 찍은 오바마 대통령의 사진을 오랫동안 들여다보면서, 오바마가 그에 상응하는 4세기 전 인물인 앙리 4세가 그랬듯, 아이의 놀이 상대가 되어준 바로 그 순간, 감동적일 정도로 강한 권력자의 모습을 지니게 된 것은 아닐까 생각한다.

4

뉴스 기사를 읽는 독자로서 우리는, 때때로 반대되는 이미지를 적절하게 섭렵해야 보상이 될 만큼, 결코 우리에게 일어날 법하지 않은 끔찍한 사진들을 수없이 보았다. 뭔가 특별한 사실을 알게 될지 모른다는 기대를 품고, 미술관에서 그림을 연구하는 것처럼 기사에 첨부된 사진들을 눈여겨볼 생각으로 기사를 읽다가 사진에 (그러니까 한 30초 남짓) 시선을 멈추는 일은 아무래도 이상해 보일 것이다. 우리는 정보를 품은 매개체로서 사진이 지닌 잠재력에 대한 감을 잃었다. 잘난 척하며 무모하게도 이 세상에 대해 이미 어느 정도 안다고 생각하는 우리는, 지구 위의 다양한 모습을 우리에게 제대로 전해야 하는 막중한 임무를 지닌 사진의 힘을 간과하게 된 것이다.

피트 수자,
〈버락 오바마 대통령이 오벌 오피스 대기실에서 백악관 직원의 아들에게 인사하며
스파이더맨의 거미줄에 걸린 척하는 모습〉,
2012년.

IV.

경제 뉴스

M_2와 유토피아

한국은행에 따르면 시중통화량을 의미하는 광의의 척도인 M_2•가 지난해 10월보다 4.6퍼센트 증가한 1827조 3000억 원을 기록했다. 이는 전년동월 대비 9월 상승분인 5.2퍼센트보다 하락한 것이다. 계절변동 조정 기준으로 볼 때 한국의 10월 M_2 증가율은 전월 대비 0.2퍼센트로, 이는 9월 전월 대비 증가율 0.1퍼센트보다 상승한 것이다. 총유동성 지표인 광의유동성은 전년동월 대비 7.8퍼센트로 전년동월 대비 9월 상승분인 8.9퍼센트보다는 하락한 것이라고 한국은행은 덧붙였다.

한국, 연합뉴스

• 통화지표를 표시하는 용어. 통화지표는 크게 통화 혹은 협의통화라고 부르는 M_1과 광의통화 혹은 총통화라고 부르는 M_2로 나뉘는데, M_1은 현금통화와 예금통화를, M_2는 M_1에 저축성예금과 외화예금을 합한 것이다. 한국에서는 M_2를 통화 관리의 중심 지표로 삼는다.

1

뉴스는 세상에 대해 자못 진지하게 설명하려고 애쓴다. 이는 진정 중대하다고 여길 만한 몇 안 되는 사건에 우리가 주목할 수 있도록, 날이면 날마다 펼쳐지는 극적이거나 과장된 소란스러움을 뉴스가 하나하나 가려내려 한다는 것을 의미한다. 우리의 관심을 사로잡을 수 있는 것들은 무척이나 많지만(금문교에서 뛰어내린 커플, 태즈메이니아 섬 여러 곳에서 발생한 화재, 경쟁자를 총으로 쏘아 살해한 멕시코인 기업가), 뉴스가 정말로 초점을 맞출 만한 가치가 있는 대상은 무엇일까?

우리는 좌파와 우파 정치세력 양쪽으로부터 보증받은 어떤 관념, 즉 국가 재정 상태야말로 한 국가의 가장 근본적인 실제라는 관념의 상속자들이다. 그에 따라 경제 뉴스는 모든 뉴스 중에서도 가장 중요한 것으로 취급되어야 한다고 생각한다.

2

의욕 넘치는 언론 보도들 속에서도, 우리는 정기적으로 경제 계기판 위에 놓인 다양한 핵심 지표에 눈을 돌린다. 그 지표에는 통화 공급량(M_1, M_2, MZM), 중앙은행의 현금 보유고, 제조업 수주율, 소비자 물가지수, 건축 허가 건수, 실업수당 신청 건수, 재정 적자, 국가 채무, 그리고 무엇보다 중요한 GDP가 포함된다.

숫자들은 방향감각을 상실하게 만들기도 한다. 경제지표로 한 국가를 평가하는 것은 혈액검사 결과를 통해 어떤 사람을 다시 그려보는 것과 비슷한 면이 있다. 인격과 개성의 전통적인 표지들을 한쪽으로 밀어놓은 채, 크레아티닌 수치가 3.2이고 젖산탈수소효소 수치는 927이며 백혈구 수치는 (시야당) 2, C반응성 단백은 2.42라는 사실을 한 사람을 기본적으로 설명하는 분명한 지표로 삼을 때 그렇다.

인간에게 혈액이 그런 것처럼, 국가에 있어서 통화는 끊임없이 순환하며 국가의 생명을 유지하는 매개체다. 통화는 미래를 가장 잘 설명하는 데이터 중 일부를 암호화한 형태로 운반한다. 그 표본을 추출하는 것이 대규모 정부 금융연구소의 임무다. 영국 통계청, 미국 상무부, 프랑스 국립 통계경제연구소와 한국의 통계청이 그런 기관이다. 이곳의 통계학자들은 매주 경제 상황을 점검한다. 영국의 경우만 봐도 제조업 분야 6000개의 회사와 2만 5000개의 서비스 회사, 5000개의 소매상, 1만 개의 건설사 그리고 농업·에너지·건강·교육 분야에서 수행되고 있는 4000건의 정부 프로젝트에서 데이터를 취하고 있다. 거대한 컴퓨터로 정보를 분석한 뒤 통계학자들은 놀랄 만큼 간결하지만 엄청난 반향을 일으킬 결과들을 공표할 것이다. 예를 들어 GDP 수치는 지난 분기 국가 전체에서 행해진 총 노동의 재정적 가치가 1.1퍼센트 상승했다거나 혹은 (그럴 리 없겠지만) 0.5퍼센트 하락했다고 우리에게 알려줄 것이다. 이 수치 아래 놓일 수천수만 건의 회의, 근심, 곤경, 계략, 비공식 회담, 조기 출근, 해고, 새로운 기획, 신상품 출시와 그에 대한 낙담 모두가 고작 두 자릿수로 묶여 설명되고 만다.

경제학이 갖길 바라는 기술인 정제법은 다른 과학 분야에서는 친숙한 것이다. 화학에서도 물리적 실재의 혼돈 이면을 들여다보고, 물질을 구성하는 고작 118개의 원소를 밝혀내려고 한다. 이 원소들은 화학적 특성과 원자 번호, 전자 배치에 따라 거의 예술적인 우아함을 보이며 주기율표 족族 속에 정렬된다.

3

경제지표는 삶을 의미 있다거나 희망차다고 느끼고자 우리가 흔히 기대는 척도에 대한 감각을 끊어버릴 수 있다. 우리의 목적의식은 경제학이 우리가 그 안에서 살아간다고 알려주는 그 체제의 엄청난 규모로 인해 산산조각날 수 있다. 이 체제에서 전 세계 GDP는 70조 달러에 이르고, 국제 채권시장 규모는 100조 달러의 가치를 지니며, 파생상품시장은 791조 달러에 달한다. 전 세계 부채 규모는 50조 달러로 추산되며 유럽연합의 부채는 17조, 미국의 부채는 16조 달러에 이른다(1초에 1달러씩 쓴다고 했을 때 1조 달러를 다 쓰려면 3만 1000년이 걸린다). 이 경제 체제에서는 가장 부유한 상위 2퍼센트의 엘리트 계층이 전 세계 부의 절반 이상을 차지한 반면, 전 세계 10억 명이 가난에 시달리며 산다. 이런 수치들은 은하수 안에 4000억 개

수소 1 H 1.0079																		헬륨 2 He 4.0026
리튬 3 Li 6.941	베릴륨 4 Be 9.0122												붕소 5 B 10.811	탄소 6 C 12.011	질소 7 N 14.007	산소 8 O 15.999	플루오린 9 F 18.998	네온 10 Ne 20.180
나트륨 11 Na 22.990	마그네슘 12 Mg 24.305												알루미늄 13 Al 26.982	규소 14 Si 28.086	인 15 P 30.974	황 16 S 32.065	염소 17 Cl 35.453	아르곤 18 Ar 39.948
칼륨 19 K 39.098	칼슘 20 Ca 40.078		스칸듐 21 Sc 44.956	타이타늄 22 Ti 47.867	바나듐 23 V 50.942	크로뮴 24 Cr 51.996	망가니즈 25 Mn 54.938	철 26 Fe 55.845	코발트 27 Co 58.933	니켈 28 Ni 58.693	구리 29 Cu 63.546	아연 30 Zn 65.39	갈륨 31 Ga 69.723	저마늄 32 Ge 72.61	비소 33 As 74.922	셀레늄 34 Se 78.96	브로민 35 Br 79.904	크립톤 36 Kr 83.80
루비듐 37 Rb 85.468	스트론튬 38 Sr 87.62		이트륨 39 Y 88.906	지르코늄 40 Zr 91.224	나이오븀 41 Nb 92.906	몰리브데넘 42 Mo 95.94	테크네튬 43 Tc [98]	루테늄 44 Ru 101.07	로듐 45 Rh 102.91	팔라듐 46 Pd 106.42	은 47 Ag 107.87	카드뮴 48 Cd 112.41	인듐 49 In 114.82	주석 50 Sn 118.71	안티모니 51 Sb 121.76	텔루륨 52 Te 127.60	아이오딘 53 I 126.90	제논 54 Xe 131.29
세슘 55 Cs 132.91	바륨 56 Ba 137.33	57-70 *	루테튬 71 Lu 174.97	하프늄 72 Hf 178.49	탄탈럼 73 Ta 180.95	텅스텐 74 W 183.84	레늄 75 Re 186.21	오스뮴 76 Os 190.23	이리듐 77 Ir 192.22	백금 78 Pt 195.08	금 79 Au 196.97	수은 80 Hg 200.59	탈륨 81 Tl 204.38	납 82 Pb 207.2	비스무트 83 Bi 208.98	폴로늄 84 Po [209]	아스타틴 85 At [210]	라돈 86 Rn [222]
프랑슘 87 Fr [223]	라듐 88 Ra [226]	89-102 **	로렌슘 103 Lr [262]	러더포듐 104 Rf [261]	더브늄 105 Db [262]	시보귬 106 Sg [266]	보륨 107 Bh [264]	하슘 108 Hs [269]	마이트너륨 109 Mt [268]	다름스타튬 110 Ds [271]	뢴트게늄 111 Rg [272]	코페르니슘 112 Cn [277]		플레로븀 114 Fl [289]				

* 란타넘 계열	란타넘 57 La 138.91	세륨 58 Ce 140.12	프라세오디뮴 59 Pr 140.91	네오디뮴 60 Nd 144.24	프로메튬 61 Pm [145]	사마륨 62 Sm 150.36	유로퓸 63 Eu 151.96	가돌리늄 64 Gd 157.25	터븀 65 Tb 158.93	디스프로슘 66 Dy 162.50	홀뮴 67 Ho 164.93	어븀 68 Er 167.26	툴륨 69 Tm 168.93	이터븀 70 Yb 173.04
** 악티늄 계열	악티늄 89 Ac [227]	토륨 90 Th 232.04	프로트악티늄 91 Pa 231.04	우라늄 92 U 238.03	넵투늄 93 Np [237]	플루토늄 94 Pu [244]	아메리슘 95 Am [243]	퀴륨 96 Cm [247]	버클륨 97 Bk [247]	캘리포늄 98 Cf [251]	아인슈타이늄 99 Es [252]	페르뮴 100 Fm [257]	멘델레븀 101 Md [258]	노벨륨 102 No [259]

눈에 보이는 모든 것(나무들, 여러분의 연인, 사무실)은 실은 이게 전부다.

의 별이 있다거나 우주를 가로지르는 데 930억 광년이 걸린다는 등의 천문학적 통계 수치처럼 사람을 멍하게 만든다. 우리의 머리는 우리가 처한 조건을 이런 식으로 생각하는 데 그리 적합하지 않다. 우리의 열망들은 터무니없거나 우스꽝스러운 게 돼버려서 권투 링 바닥에 쓰러지듯 나가떨어지게 된다. 새삼 자신이 초라하고 무기력하게 느껴져 무가치한 존재라는 생각이 자리잡는다.

4

우리를 침묵시키는 건 경제의 규모만은 아니다. 그것이 가진 복잡성도 우리를 입다물게 할 수 있다. 선진 경제지역 인구의 극소수만이 자신들이 속한 경제 체제가 작동하는 방식에 대해 정확하게 이해하고 있다. 우리 대부분은 차익거래, 바젤 1과 바젤 2, 주기적으로 조정된 경상예산, 주가수익률이나 양적완화 같은 핵심적 경제 용어들 속에서 정확히 무슨 일이 벌어지고 있는지 파악하려면 꽤나 골치 아플 것이다. 뉴스에 나오는 금융 사건을 보면서, 다음과 같이 묻게 될 것이다. "화폐 성장률이라는 게 **정확히** 뭐야?" "헤지펀드는 어떻게 운용되는 거지?" "리보 금리는 뭘로 정하는 건데?" "유동성은 뭐야?" "물가 안정 목표제는 어떻게 돌아간담?" "정부가 어떻게 '돈을 찍어낼' 수 있는 거야? 장기적 결과는 또 뭐고?" 이렇게 묻는 게 처음은 아닐 것이다.

우리의 혼란을 해결하기 위해 언론기관에 고용된 친절한 경제 해설가들은 이런 질문에 설명을 제공하고자 분명 열심히 노력한다. 그래도 개념들이 어지럽게 느껴지는 이유는 아마도 우리의 일상생활과 동떨어져 있기 때문일 텐데, 아무리 해설가의 설명을 들어도 한 시간만 지나면 개념들은 머리에서 새어나가버리기 십상이다.

만약 세부적인 경제 문제들을 휘어잡고 싶거나 그에 대해 배우고 싶다면, 우리는 침착한 정신 상태를 유지해야 한다. 예를 들어 일반적으로 주어지는 교환방정식 이론을 생각해보자. 이 개념은 경제학의 기초 중 기초인데도 우리는 수식을 보는 순간 이게 어디 놓여야 하는지 시나리오를 쓰게 된다.

$$M \cdot V_T = \sum_i (p_i \cdot q_i) = p^T \cdot q$$

아래의 조건도 어리둥절하기는 마찬가지다.

p_i와 q_i는 각각 i번째 처리 과정에서의 가격과 양을 뜻한다.

p^T는 p_i의 행벡터이다.

q는 q_i의 열벡터이다.

이쯤 되면 대부분은 벌써 달아나고 싶어 몸이 근질거릴 테고, 아마도 금문교에서 몸을 던진 커플에 대한 비극적인 뉴스로 돌아가고 싶어질 것이다.

어떤 때는, 경제학의 장엄함과 복잡함 앞에서 자신이 초라하다는 느낌을 선뜻 받아들일 수도 있다. 신학에서는 작디작은 인간의 자아가 신성한 존재를 알현했을 때 느끼는 경외감을 라틴어로 '**미스테리움 트레멘둠**mysterium tremendum' 즉 '두려운 신비'라고 하는데, 신학자들이 종종 이런 경험을 토로하기도 한다. 다음과 같은 분포도 산출 그래프를 마주했을 때 우리도 **미스테리움 트레멘둠**에 비견할 만한 순간을 경험할지 모른다.

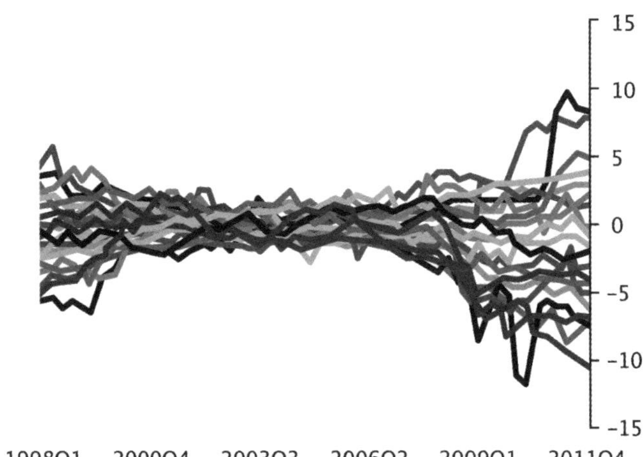

분포도 산출 그래프

5

우리는 가끔 경제학의 위대한 지성들을 기꺼이 따르고 싶다가도, 뉴스를 통해 이 행성의 경제 제도를 접할 때면 내면에서 솟아오르는 어떤 반항적인 의구심을 억누르기가 힘들어진다.

이를테면 어떤 이들은 늦은 밤 잠을 이루지 못한 채, 진지하지만 아직 모호하기만 한 이런 의문들을 머릿속에 떠올릴 것이다. 자본주의가 건설한 이 세상은 왜 (조금 감상적이지만) **더 좋아질** 수 없을까? 어째서 여전히 도처에 이토록 많은 괴로움이 존재할까? 어째서 누구는 너무 많이 갖고 누구는 너무 적게 갖는 것일까? 어째서 대부분의 직업은 바보 같을까? 어째서 안전과 여가가 더 보장될 수 없을까? 어째서 불안과 공포가 거의 모든 곳에서 지속되고 있을까? 특별한 이유나 보상이 없는데도 우리가 이 행성을 파괴하고 있는 건 아닐까? (이쯤 되면 무척이나 늦은 밤일 테고 아주 고집 센 몇몇만이 버티고 있을 것이다.) 새로운 방식으로, 그러니까 상황을 재조정하고, 어쩌면 몇몇 법안을 통과시키고, 더 자유롭고 덜 불안하며 **더 행복한** 세상을 만들기 위해 과감하고 새로운 방안들을 실험하면서, 다시 시작할 수 있지 않을까?

6

우리는 이 질문들이 심각한 게 아니라는 것을 익히 잘 안다. 이런 질문은 열네 살 먹은 청소년이 시를 쓸 때나 부모와 말싸움을 벌일 때 나올 만한 것들이다. 아침이 밝으면 단호히 묻어버릴 질문들이고, 경제 뉴스의 표준적 화법에는 속하지 않는 것들이다. 무척이나 지적이고 현명한 사람, 이를테면 오늘날 세계에서 가장 힘있는 경제 전문가인 연방준비제도이사회 의장 같은 사람이 이런 질문들을 어떻게 받아들일지 떠올리기라도 하면 우리의 얼굴은 창백해질지도 모른다.

우리의 질문이 철없는 듯 보인다면, 그건 경제적 삶이 기능하려면 받아들여야 할 고통스럽지만 필수적인 수많은 일들에 대해 냉철하게 수용하려는 태도를 보여야 성숙한 것으로 보기 때문이다. 반면에 우리의 사색은 현실을 부정하는 유토피아적 몽상가의 횡설수설처럼 들릴 뿐이다. 어른이 된다는 건 수많은 희망을 단호하게 묻어버리는 법을 배우는 것이기도 하다. 표준적인 경제학은 이런 성장 과정과 그때 필요한 마조히즘을 칭송한다. 성장 과정은 대개 고통에 관한 이야기로, 어째서 그 많은 좋은 일들이 일어날 수 없는지 복잡하지만 그럴싸한 이유들을 가르쳐준다. 즉, 어째서 우리는 문제를 한번에 해결해 가난한 나라를 부유하게 만들 수 없는지, 경쟁과 그로 인한 불안이 시장경제에서 왜 필요한지, 왜 완전고용 보장이 사람들을 게으르게 만드는지, 왜 국가는 승자에게 상을 주고 패자에게 벌을 줘야 하는지, 왜 부자들에게 응당한 과세를 할 수 없는지, 왜 우리는 자존감을 유지하면서도 좀더 단순하게 살아갈 수 없는지, 왜 정부는 고부가가치를 이유로 자유 시장을 규제할 수 없는지, 어째서 쓸모없는 소비재가 경제 번영에 없어서는 안 될 부분인지, 사람들이 재산을 널리 공유하고 재활용하지 않는 게 어째서 경제성장에 좋은지, 어째서 우리는 세상을 아름답고 깨끗하게 만드는 일에 진지한 관심을 기울일 수 없는 것인지 등의 질문에 대한 이유를 가르쳐준다.

7

결국 우린 다음과 같은 상황에 처한다. 우리의 한편에는 거대한 규모의 풀기 힘든 숙제들과 씨름하는, 고도로 복잡한 사회과학의 성과에 대한 보도로 점철된 뉴스 의제가 있다. 이 뉴스는 주기적으로 비관적이고 체념한 듯한 보고를 전한다. 그리고 다른 한편에는, 불완전하고 순진하고 순수하고 열정적이지만 강력한 이런저런 소망이 있다. 이 소망은 어른스러운 진지함과 체면이 손상될까 두려운 나머지 조심스레 감춰두고 웬만하면 언급하지 않는 것들이다.

8

때로는 긴장이 과도해져 폭발로 이어지기도 한다. 일단의 사람들이 모여 이제 더이상 못 참겠다고 선언한 뒤, 플래카드를 만들고 확성기를 사서 중앙은행, 패스트푸드 영업점, 정유회사 본사 앞으로 간다. 과열된 몇몇 순간들과 물리력을 행사하는 경찰과의 싸움이 있은 지

몇 주 뒤, 임시로 만든 천막은 철거당하고 뉴스는 다른 보도를 계속 진행한다.

이런 폭발은 치명적인 순진함으로 인해 실패한다. 즉, 문제적인 상황을 개선하려는 가장 선한 의도가 문제를 일으킨 원인에 대한 효과적이고 사법적인 지식과 결합하지 못함으로써 폭발은 사그라지고 마는 것이다. 복잡한 정치적 논쟁을 일으켰을지도 모를 항의는 결국 감정적 폭발로 끝나버린다.

9

뉴스는 이런 두서없는 분노에 대해 일부 책임이 있다. 대중으로 하여금 자신이 처한 상황을 납득할 수 없어 절망감을 느끼게 하고, 좀더 평등한 세상을 향한 당찬 포부를 교묘하게 박살내버리는 경제 분석으로 대중을 완전히 나가떨어지게 하는 데 일조하는 게 바로 뉴스다.

시위자들은 경제 제도에 잘못된 점이 있다는 것을 올바르게 인식하지만, 문제를 구체적으로 겨냥하기는 어렵다는 점을 알게 된다. 금융의 메커니즘을 이해하려면, (뿐만 아니라 개혁을 위한 현실적인 해결 방안에 접근하기 위해서도) 목적에 부합하는 질문과 그에 대한 연구가 집중적으로 이루어지는 시간이 필요하다. 놀랍게도 매우 합리적인 해결 방안들이 저 바깥에 어른거리는데도, 결코 우연은 아닐 텐데, 우리는 뉴스를 통해 이런 방안에 대해 들어본 적이 전혀 없다.

뉴욕의 월가 점령 시위, 2011년 9월.

뉴스는 대체로 탄탄한 정치적 관점을 갖춘 적절한 경제학 교육을 제공하길 꺼린다. 경제 문제 자체가 복잡하고 정신 사나운 것이어서, 또는 현상 유지를 통해 이익을 얻으니까 그럴 것이다.

경제적 난제를 해결하는 것이 뉴스의 직접적 임무는 아니고, 뉴스에 그런 힘이 있는 것도 아니다. 뉴스는 보다 부차적이지만, 그럼에도 여전히 상당한 힘을 갖고 있다. 뉴스는 자신이 중요한 사안이라고 여기는 것들로 대중의 관심을 끌어들여 의제를 정할 수 있고, 그리하여 풍부한 이해력과 관심을 지닌 유권자를 정부와 기업 앞에 내놓을 수 있다.

현재 주류 언론은 확립된 경제 제도 안에서 날마다 벌어지는 활동을 주로 취재한다. 또한 현재 벌어지는 일은 말해주지만 어떤 일이 일어날 수 있었는지, 혹은 어떤 일이 일어나야 하는지에 대해서는 아무런 확실한 답을 주지 않는다. 뉴스가 의제를 만들어내는 한, 노동시장 개선을 위해 개입해야 하는지 말아야 하는지, 화폐동맹을 탈퇴해야 하는지 가입해야 하는지, 인플레이션을 엄격하게 통제해야 하는지 조금 풀어줘도 좋은지 같은 제한적인 문제 제기만 가능할 뿐이다. 뉴스라는 렌즈를 통해 보게 되는 경제 '논쟁'은, 대중의 기대와 무엇이 가능한가에 대한 대중의 감각 모두를 엄격한 통제선 안에 가두고 그 밖으로 넘어서지 못하게 한다. 누군가 그런 의제에서 벗어나려 하면(예를 들어 주주란 무엇이고 어떤 존재여야 하는지 다시 생각해보자고 하거나 성장과 복지의 상관관계에 의문을 품는다거나 하면) 갑작스레 '급진적'이라 간주되고 따라서 우습게 여겨지고 만다. 우리가 오늘날 당연히 여기는 것들 대부분(최저임금, 아동 보호, 환경 정책)이 처음에는 미친 것까지는 아니더라도 완전히 급진적으로 보이는 것으로부터 시작돼 '합리적인' 의견으로 정착된 것인데도 말이다.

완벽한 뉴스 서비스라면 현재의 사안을 분석하면서도, 이상적인 사회를 그려내려는 과감한 경제 원리도 전할 것이다. 또한 우리가 지향해야 할 바에 대한 통찰에 따라 마음속에 간직한 경제적 유토피아를 실현하기 위해 움직일 것이다. 그 유토피아란 풍요로우면서도 품위 있고, 돈에 관심을 기울이는 것만큼이나 돈의 본래 목적인 충만함, 공정함, 관대함, 아름다움, 그리고 친절함에 대해서도 신경쓰는 공동체다. 완벽한 뉴스 서비스는 사회가 다다라야 할 목적지에 대해서만은 교조적인 태도를 취하겠지만, 뻔한 수단을 자명한 것인 양 지지하면서 점점 취약해지고 피로감을 느끼게 하는 좌파와 우파의 분석과는 달리, 거기에 이르는 방법 면에서는 실증적인 유연함을 유지할 것이다.

10

파생상품, 배당수익률, M_2의 흐름 같은 것들도 계속해서 일상적으로 분석해야겠지만, 경제 뉴스는 덜 불안하고 덜 파괴적이면서 더 안전하고 의미 있는 노동이 가능한 세상을 향한 큰 꿈에 궁극적인 책임을 지고 있다는 것을 잊어서는 안 된다.

고전경제학의 맥락 안에서는 이런 이야기가 비현실적으로 들릴지도 모른다. 하지만 지금 이 순간 우리 역사에서 이 문제는, 한밤중에 혼자서 떠듬떠듬 떠올려보거나 경찰의 진압 명령이 떨어지기 몇 초 전까지 확성기에 대고 쉰 목소리로 외치고 말기에는 너무 중요한 것이다.

투자 정보 뉴스

세계 최대 소비재 회사인 P&G 사는 영국과 일본에 있는 모발 관리 연구센터를 폐쇄할 예정이다. 일본 고베에 있던 사업체는 싱가포르로 이전하고 영국 에검에 위치한 연구시설에서 진행되던 연구는 미국으로 이양한다. 영국 시설에서는 스타일링 제품, 일본 지점에서는 컨디셔너에 대한 집중적인 연구가 진행됐다. P&G 사는 또한 신시내티에 샴푸 연구센터를 두고 있으며, 독일에서는 염색약 연구시설을 운영하고 있다. P&G 사의 주가는 뉴욕 증시에서 0.7퍼센트 오른 69달러 82센트로 마감되었다.

블룸버그

1

전 세계의 가장 부유한 언론기관 상당수는 개별 기업 내부에서 무슨 일이 벌어지고 있는지에 관한 기사를 생산하는 데 대부분의 시간을 소비한다. 기사는 자동차, 항공기, 에너지, 건강, 소비자, 미디어, 기술 영역에서 일어나는 일들을 다루는데, 특정 수용자의 필요에 부응하고자 무던히 애를 쓴다. 그들은 바로 투자자다. 투자자들은 자신의 부를 늘리려면 어디에, 그리고 어떻게 자산을 예치해야 할지 알아야 하기 때문에 비즈니스의 상업적 성쇠에 대한 즉각적이고도 정확한 데이터를 필요로 한다.

역사적으로 현대 뉴스 매체는 자본주의의 은행, 중개업, 증권거래소 관련 시장 정보의 필요성과 밀접한 관련을 맺으면서 발전해왔다. 19세기 중반 영국과 미국 사이에 해저 케이블을 놓는 데는 금융업자들과 언론사들(그중 하나가 로이터다)이 공동으로 자본금을 댔다. 얼음처럼 차가운 대서양의 깊은 곳으로 케이블을 타고 내려간 당시의 뉴스 기사들은 다음과 같은 질문에 대한 답을 품고 있었다. '구아노•의 수요는 상승할 것인가 하강할 것인가?' '리옹에서 벌어진 견직공들의 파업은 면화시장에 어떤 영향을 미칠 것인가?' '맥아에 세금을 부과하면 세수가 얼마나 늘어날 것인가?' '수입 규제가 철폐되면 옥수수 가격은 어떻게 될 것인가?'

• guano : 열대지방의 해안이나 섬에 많은, 바닷새의 배설물 덩어리.

오늘날에도 '투자 정보 뉴스'는 계속 강화되고 있다. 주류 언론도 전 세계 주요 주식시장의 최신 수치들을 가장 눈에 잘 띄는 곳에 배치한다. 그에 더해 몰리코프(희토류금속 생산)에서 스피어 드레이크 홀딩스(상업재산보험)에 이르는, 보이지 않는 곳에서 우리 삶을 받쳐주는, 잘 알려지지 않았지만 거대하고 중요한 수백 수천 기업들의 흥망성쇠에 대한 실시간 정보를 함께 제공한다.

2

투자자들은 분명한 목적을 가지고 이런 뉴스 기사를 대한다. 이들은 어떤 기업을 분석할 때, 지난 5년간의 주식배당 증가율, 최신 수익 공고, 최근 분기의 주가순자산비율, 시가총액과 ('12개월 추적' 기간의) 현 주가수익률에 대한 수치들을 참조한다. 꼭 필요한 경우에는 30일간 평균 거래량과 스탠더드 앤드 푸어 지수에 대한 상대적 주가수익률도 점검한다.

하지만 영업사원이나 공장의 주임으로 살아가는 게 어떤 의미인지와 같은 질문은 투자자들과 무관하다. 경영 방침을 고민하고, 구내식당을 지을지 구상해보고, 스자좡石家莊에 생산 시설을 신축할지 떠올려보거나, 원자재의 원산지를 궁금해하거나, 좀더 넓은 인류의 차원에서 사업의 의미를 따져보는 일도 마찬가지로 관심 밖이다.

투자자는 밤중에 지상의 풍경 위를 높이 나는 조종사와 같다. 그

주가지수

지수명	현재가	전일비
영국 FTSE 100	6081.95	+17.37
다우존스	13384.29	−50.92
나스닥	3098.81	−2.85
독일 Dax	7748.03	+15.37
프랑스 CAC 40	3729.26	+24.62
S&P 500	1461.89	−4.58

기업명	현재가	전일비	등락률
네이션스타 모기지 홀딩스	38.83	+5.60	+16.85
몰리코프	11.56	+1.26	+12.23
에너지설루션스	3.73	+0.29	+8.43
뉴캐슬 인베스트먼트	9.60	+0.61	+6.79
알카텔루슨트	1.73	+0.09	+5.49
아이맥스	24.08	+1.24	+5.43
어퀸 파이낸셜	36.77	+1.88	+5.39
퀵실버	5.29	+0.22	+4.34
월터 인더스트리	39.61	+1.59	+4.18
스피어 드레이크 홀딩스	6.80	+0.24	+3.66

블룸버그에 따르면, 오늘 하루 동안 일어난 일이다.

들은 항로를 잡기 위해 오로지 항공표지와, 반도 위의 원자력발전소, 남북을 가로지르는 주요 고속도로, 다이아몬드가 박힌 반지처럼 반짝이는 산기슭의 중세풍 도시 같은 시각적 신호에 의존한다. 그러므로 광장 부근의 아파트 단지에서 벌어지는 논쟁은 걱정할 필요가 없다. 화물차 기사가 주유소에서 겪는 딜레마나 터빈 건물에서 일하는 기술자가 꿈꾸는 미래에 대해서도 걱정할 필요가 없다. 조종석에서 들리는 소리라고는 분당 2만 5000회 회전하며 퉁퉁거리는 프랫앤드 휘트니 사의 쌍발엔진 소리뿐이다.

경제 뉴스를 다루는 언론기관은 이 세상 곳곳의 경제 전초기지라 할 만한 지역에 기자들을 파견한다. 특파원들은 캐나다 서스캐처원에서 밀 수확량을, 브라질 연안에서 유전 탐사 과정을, 말라위에서 나이오븀과 지르코놀라이트 탄탈럼 채취를, 독일 루르 밸리에서 차세대 통근열차 개발을, 일본 중부 지역에서 탄소섬유 비행기 패널 조립을 관찰한다. 하지만 기자들이 부여받은 이 특권적이고 흔치 않은 관찰 기회는 투자자들이 갖는 단 하나의 질문에 답하는 데만 집중적으로 쓰일 뿐이다. "어느 회사에 우리 돈을 투자해야 하는가?"

3

그러나 비즈니스 세계에서 벌어지는 일을 오로지 경제 용어로만 작성하거나, 회사 전체를 +1.20이라고 요약하거나, 직원 8000명의 직장생활을 총매출 375.776으로 압축하는 행위들은 마치 『오만과 편견』처럼 복잡한 소설을 등장인물들의 은행계좌 원장으로 간단히 정리해버리는 것과 같이 한계가 명확한 일이다. 사업체들은 범인간적 차원에서 볼 때 지구에서 가장 중요한 조직체로서 영예를 누려야만 한다. 이곳에서 체험되는 모험, 기만, 책략, 열정, 고통은 연애 사건을 묘사할 때처럼 격렬함과 미학적 솜씨로 주의깊고 생생하게 재현되어야 마땅하다. 공장의 작업 라인, 생산 과정, 칸막이 사무실에서가 아닌, 누군가의 사생활에서 가장 흥미진진한 '인간적 재미'를 발견할 수 있으리라 생각하게 된 건 우연한 문화적 산물일 뿐이다. 투자 정보 뉴스는 스스로의 관심 영역을 엄격하게 제한하기 때문에, 연예 뉴스나 소설만큼 흥미진진하고 충격적이며 매력적이고 극적인 현상들을 무시해버리고 만다.

이 분야의 기자들은 자기들을 비행기에서 내리게 해달라고, 자기들이 받아 적는 숫자에 이제는 인생을 덧붙이게 해달라고 요구해야 한다.

샤프 사

도쿄 증권거래소

등락: −18엔

개장: 288엔

장 마감: 270엔

이를테면 기자들은 두려움에 대해 더 많이 이야기할 수 있어야 한다. 기업 세계에 대해 잘 모르는 문외한들은 지문 하나 없는 말끔한 제품을 통해 이 세계를 접할 뿐, 제품 이면에 감춰진 제작 환경에 대해서는 알 수 없다. 샤프 사의 아쿠오스 LE836 텔레비전이나 900와트짜리 R98STM-AA 전자레인지는 일본 미에 현 다키 군 남부 외곽에 위치한 공장에서 제품이 만들어진 유래를 깊숙이 담고 있다. 이 비할 데 없이 합리적이고 기술적으로 훌륭한 제품들만 보아서는 제품을 세상에 출현시킨 동력, 즉 제품의 창안자들을 밀어붙인 자부심, 질투, 욕망, 잔인성과 복수심 같은 감정에 대해서는 좀처럼 알 수 없다. 무엇보다도 그 제품들은 자본주의 일반에 만연한 불안, 샤프 사의 4만 6000명 종사자들 사이에 퍼져 있는 불안에 대해서는 알려주려 하지 않는다. '창조적 파괴'는 경쟁적인 시장에서 상대적으로 약체인 회사가 제거되는 것을 묘사할 때 금융업자들과 경제학자들이 유용하게 써먹는 추상적인 표현이다. 하지만 미에 현 공장 부지에서 실제로 이것이 의미하는 바는 수십 년간 쌓인 섬세한 노동, 노력, 계획, 원동력과 희망이 잔인한 종말을 맞는다는 것이다. 우리는 샤프 사 회장 가타야마 미키오의 수축된 심혈관과 한밤의 고뇌에 대해 좀 더 적극적으로 알아볼 필요가 있다. 가타야마 미키오는 훌륭하고 지적인 남성임에도 불구하고 몇 번이나 잘못된 베팅을 했다(엉뚱하게 평판 디스플레이 기술에 투자하고, 평범한 스마트폰 화면을 가지고 도박을 벌였으며, 시장이 막 변화할 때 전자레인지 제조에 지나치게 집착했다). 그는 이제 라이벌 제조업체의 맹공으로 인해 나자빠질 것이 거의 확실하다. 수많은 동료들과 함께, 그리고 그의 주가와 함께.

네슬레 주식회사

스위스 증권거래소

등락: +0.20스위스프랑

개장: 63.55스위스프랑

장 마감: 63.75스위스프랑

우리가 숫자 뒤에 감춰진 세상을 **볼 수 있도록**, 자본주의를 시각적이고 감각적인 현상으로 인식할 수 있도록, 오싹할 정도로 질서정연한 사무실과 제조 시설의 살균된 아름다움을 탐구할 수 있도록 기자들은 우리를 안내해야 한다. 우리는 사진작가 야크벨리너 하싱크의 안내에 따라 세계의 중역회의실로 가봐야 한다. 비싸지만 삭막해 보이는 가구들에 둘러싸인 이곳에서 부지런한 신하들 몇이, 즉 잘 훈련된 수완가이자 정치적 음모의 달인이며 단단히 똬리를 튼 야심이 담긴 그릇 같은 인물들이 수백 수천의 생계에 영향을 미치는 결정을 내린다. 하싱크의 작품에서 이들은 부재함으로써 훨씬 더 존재감을 드러내며 강력한 힘을 행사하는 듯 보인다. 마찬가지로, 제네바 근방 네슬레 본사 중역회의실에 걸린 세계지도를 잠시 감탄하며 바라볼 수 있을 것이다. 지도를 보며 전술을 구상하는 예전 시대의 장

야크벨리너 하싱크, 〈스위스 브베에 있는 네슬레 본사 중역회의실 회의 탁자〉, 1994년.

군들처럼, 고위 간부들은 오늘날의 전쟁인 비즈니스를 위해 세계지도를 보며 오대주의 인간과 고양이를 상대로 허니 너트 치리오스 시리얼과 산펠레그리노 생수, 고양이 사료 프리스키 판촉활동이 얼마나 가차없이 진행되고 있는지 총체적으로 점검한다.

찬쿤 실업

타이완 증권거래소

등락: +0.60신타이완달러

개장: 58.30신타이완달러

장 마감: 58.90신타이완달러

또한 사진작가 에드워드 버틴스키가 우리를 중국으로 데려가서 보여주는 수많은 제품 뒤에 가려진 희생을 보아야 한다. 우리가 기뻐하며 싼값에 구입한 다리미, 커피 메이커, 바비큐 그릴, 과일 믹서, 진공청소기, 토스터는 찬쿤 실업이 중국 동남부 샤먼 시의 헛간 같은 공장에 노동자 2만 3000명을 모아놓고 대량으로 생산해낸 것이다.

기억해야 할 것들은 다음과 같은 사실이다. 이 제품들은 (당연히) 무척 싸지만, 그건 찬쿤 실업이 엄청 대단하거나 영리해서가 아니고, 또한 현대 기술이 굉장히 기발해서도 아니라는 것이다. 제품 가격이 싼 근본적인 이유는, 경제학자들이 '가격결정권 결여'라고 점잖게 표현하지만 절망이라고 규정짓는 것이 더 솔직하게 느껴지는, 샤먼 시

에드워드 버틴스키, 〈샤먼 시 찬쿤의 공장〉, 2005년.

노동자들을 처절한 고통 속에 몰아넣은 노동 조건에 있다.

탈레스 주식회사

파리 증권거래소

등락: +0.08유로

개장: 27.00유로

장 마감: 27.08유로

하지만 이런 사실이 생산 활동의 아름다움을 감탄하며 바라볼 수 있는 순간을 방해해서는 안 될 것이다. 우리는 그와 같은 순간을 프랑스 칸에 있는 탈레스의 조립 공장에서 지구 관측위성 플레이아데스-HR 1A가 그 내부 구조를 드러낼 때 발견한다. 복잡하면서도 질서정연한 과업에 조용히 몰입하고 있을 때만큼 우리 사악한 종족이 감동적으로 보일 때도 없다. 우리가 나태와 혼란에 빠지는 탓에, 대부분의 노동에 요구되는 집요한 신중함, 정밀성, 노련함을 보면서 감동을 받는 것이다. 누군가 잠자는 모습을 지켜볼 때와 마찬가지로, 능숙하게 위성의 배선을 연결하는 모습을 목격할 때 선험적인 덕을 느끼지 않을 도리가 없다.

암코어 패키징 유한회사

오스트레일리아 증권거래소

베네딕트 레드그로브, 〈칸에서의 위성 제작 공정〉, 2010년.

등락: -0.11오스트레일리아달러

개장: 8.30오스트레일리아달러

장 마감: 8.19오스트레일리아달러

이에 더해 우리의 광적인 노동이 갖는 **의미**를 환기시켜줄 만한 자극이 필요하다. 우리 대부분은 당연하게도 오스트레일리아에서 가장 이윤을 많이 내는 기업이자 화장지 상자, 기저귀 상자, 치약 짜개, 선크림 튜브, 샴푸 병을 만드는 세계 최대의 제조사 암코어에 대해 들어볼 일이 없을 것이다. 하지만 우리 시대의 가장 막대한 부가 가장 의미 있는 상품과 서비스, 그러니까 시詩나 연애 상담 같은 것을 판매함으로써 축적되는 경우는 거의 없다.

직업이 의미 있다고 느끼는 건 언제일까? 하루가 끝날 무렵, 내 일이 어떤 면에서는 미약하게나마 타인의 비참함을 줄이거나 만족감을 늘리는 데 도움을 준 것 같다고 느낄 때일 것이다. 우리는 타인을 위해 봉사하고 싶어하고, 나아가 동료 인간들의 삶에 우리의 활동이 미친 영향을 확인하고 싶어한다. 하지만 노동이 무척이나 자잘하게 세분화될 때, 혹은 타인의 안녕에 극히 짧은 순간만 영향을 주거나 아예 그럴 일도 없을 물건을 만드는 데 경력 전체를 바칠 때, 노동의 의미는 악화돼버린다. 주식시장은 이런 의문에 관심을 둘 리 없어, 의미란 건 특별한 일에나 걸맞은 거라고 답할 것이다.

주가지수는 온갖 감정이 곡예를 부리도록 내버려둔다. 우리는 현

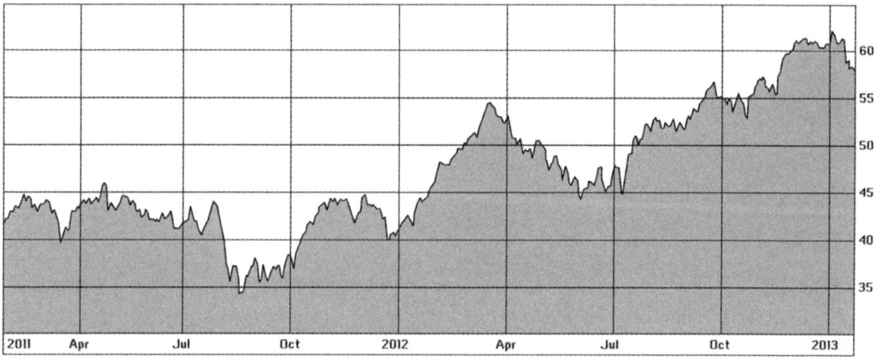

소프트웨어 제조사 SAP의 2011년부터 2013년 사이의 주가.

이 광범위한 이야기를 설명하는 데는
현대의 에밀 졸라가 필요하다.

대 비즈니스의 풍요로움에 감탄하고, 어떤 산업 분야에서든 성공하려면 어마어마한 지식과 노력이 필요하다는 사실에 놀라워한다. 그러면서도 우리의 고된 노력의 대부분이 부조리하고 헛되다는 생각에 죄의식을 느낀다. 깊은 밤, 그날 하루 타협하고자 했던 자신에게 복수하려는 마음이 들 때, 우리 삶의 한 귀퉁이에 여전히 머물러 있는 소중한 것에 도대체 무슨 짓을 하고 있는 걸까 하는 고통스러운 의구심이 고개를 든다.

SAP AG

프랑크푸르트 증권거래소

등락: -0.10유로

개장: 59.70유로

장 마감: 59.60유로

결론적으로, 경제 뉴스에 나오는 숫자와 그래프는 단지 우리가 건설한 세상을 이해하는 데 필요한 이야기와 이미지를 간략한 기호로 속기한 것이라고 말할 수 있다. 비즈니스는 거기에 투자하고 싶어하는 사람들만을 위한 것이라고 하기에는 궁극적으로 너무 흥미롭고 또 중요하다.

V.
셀러브리티 뉴스

선망

인터뷰어 우사인 볼트 당신은 이 세상에서 가장 빠른 사람이에요. (···) '황금 번개'라 부를 만한 사람은 당신뿐입니다. (···) 당신은 제 영웅이에요. 이런 얘기를 들으면 어떤 기분이 드세요?

볼트 좋아요.

인터뷰어 기분이 어때요? 출발선에 서서 막 폭발하려 할 때 황금 번개는 실제로 무슨 생각을 할까요?

볼트 사실, 긴장을 풀려는 게 답니다. 저는 그냥 편안하게 마음먹고 아무것도 생각하지 않으려고 노력해요. 뭔가 마음속에 떠오르면 그 순간부터 문제가 생기거든요.

인터뷰어 챔피언이 되려면 어떤 자질이 필요하죠? 그냥 그런 챔피언 말고 위대한 챔피언이 되려면요.

볼트 뭐 그냥 열심히 하는 거죠. (···) 노력과 헌신이 전부예요.

인터뷰어 지금은 뭐가 가장 큰 동기인가요? 승리? 챔피언이 되는 거? 돈? 명성? 여자?

볼트 몽땅 다요.

인터뷰어 살면서 진짜 사랑에 빠진 적은 몇 번이나 되나요?

CNN

1

뉴스는 지속적으로 일군의 특출난 남녀들을 소개해준다. 지구상에서 누구보다 빨리 뛰는 사람, 어떻게 하면 사람들을 웃길 수 있는지 아는 사람, 획기적인 사업을 시작한 사람, 군침 도는 식단을 설계한 사람, 티 없이 아름다운 외모를 가진 사람들 말이다. 그들이 거둔 성취, 개성, 그리고 멋진 외모만큼 우리를 열광하게 만드는 건 거의 없다. 그 결과, 우리는 그들에게 어떻게 그런 일을 해냈는지 묻고 싶어하고, 그들의 어린 시절을 궁금해하고, 그들이 뭘 입었는지 보고 싶어하고, 누구와 사랑에 빠졌는지 알고 싶어하고, 집안을 엿보고 싶어하고, 해변에 따라가고 싶어하고, 심지어는 그들이 식료품을 사러 나갈 때 도로를 가로질러 동행하고 싶어한다.

2

이런 흥미는 거의 전 세계적으로 엘리트 문화의 수호자들로부터 비난받는다. 진지한 모임에서 셀러브리티에 관한 뉴스에 빠져 있는 모습을 드러내는 건 적절해 보이지 않는다. 이는 엘리트들이 광범하게 공유하는 다음과 같은 믿음에 부분적으로 기인한다. 즉, 사회에 대한 스타들의 공헌이 인류가 당면한 진짜 문제들을 들러리로 만들어버리기 때문에 그들을 존경하거나 가치 있는 관심의 대상으로 여기는 것은 온당하지 않다는 것이다. 드물기는 하지만 어떤 유명인의 업적이

〈딸기를 사 가는 에마 왓슨〉,
뉴욕 시, 2012년(스플래시 뉴스).

논란의 여지없이 훌륭한 경우에도, 우리는 그 혹은 그녀 인생의 아주 사소한 측면, 이를테면 그가 누구와 디너파티에 갔고 그녀가 해변에서 어떻게 머리를 뒤로 묶었는지 같은 것들에 집착하는 식으로 인물에만 관심을 갖는 습성이 있다. 그러나 고상한 사람들은 차라리 (착수된 사업이나 완성된 영화작품 같은) 그들의 실제 성과물에 초점을 맞춰야 한다고 말한다. 이런 엘리트들의 주장은, 우리와 동시대인이지만 우리를 모르는 유명인을 영웅처럼 숭배하고픈 열망에는 어딘지 격이 떨어지고 유치한 데가 있다는 생각을 함축하고 있다. 영웅 숭배는 수동적이고 열등하며, 무능을 표출하는 행위이자, 자신의 꿈과 포부를 충실히 좇지 않기에 삶을 어떻게 꾸려야 하는지 전혀 알지 못해서 아예 '도피하는' 길을 택했다는 증거처럼 보인다는 것이다.

3

이는 유감스럽고도 문제의 소지가 있다. 만일 진지한 사람들이 셀러브리티 개념 자체를 자신들 수준에 맞지 않는 하찮은 것으로 여긴다면, 셀러브리티를 지정하는 역할은 가장 저속한 욕구에 호소하는 걸 조금도 개의치 않는 언론의 몫이 될 것이기 때문이다.

게다가 셀러브리티의 의미를 제대로 이해하지 않고서는, 우리 사이에서 살아가는 유명인사들에게 우리가 무얼 바라는지 분별력 있게 생각하기 어려워질 것이다. 그들에 대한 선망은 뭔가 보람 있는 결과로 이어질 수 있을까? 타인을 숭배함으로써 실질적인 그 무엇이나 중요한 무언가를 얻을 수 있을까?

4

누군가를 동경하려는 욕구는 우리 심성의 뿌리깊고 중요한 특징이다. 무시하거나 비난한다고 해서 없앨 수가 없다. 그런 무시나 비난은 동경의 욕구를 단순히 저 아래로 밀어넣을 뿐이고, 그럴 경우 이 욕구는 아무런 돌봄도 받지 못한 채 미성숙한 상태로 잠복해 있다가 부적절한 대상에 달라붙기 십상이다. 셀러브리티에 대한 사랑을 억압하려 하기보다는 그것을 지적이고 생산적인 최선의 방향으로 이끌어야 한다. 제대로 된 사회라면, 가장 큰 명성을 얻는 이는 가장 고귀하고 고상하며 사회에 진정으로 보탬이 되는 가치를 구현하고 그것을 강화한 사람들일 것이다. 따라서 그런 사회에서 특정 유명인을 숭배한다고 시인하는 건 수치심이나 자기비하적인 비웃음을 유발하기보다는 자부심을 가질 만한 일이 될 것이다.

5

황금시대의 고대 도시국가 아테네는 찬미라는 행위에 대해 주저하지 않았다. 이 도시는 여러 가지 미덕을 소중히 여겼다. 아테네는 민주적 통치, 군사적 용맹, 지적 자유, 시민으로서의 영예, 예술적 표현과 스포츠 정신의 가치를 믿었다. 그러나 이런 가치에 대한 믿음은 추상적이지 않았다. 아테네 사람들은 그 가치들을 집약적으로 구현한 뛰어난 사람들을 신봉했고, 조각상과 축제와 문학작품 등을 통해 칭송하고 기념했다. 페리클레스와 데모스테네스 같은 정치가, 올림픽 권투선수 필람몬과 전차 경주자 카브리아스, 음악가 멜라니피데스와 아나크레온은 **에우다이모니아**eudaimonia, 행복 또는 '번영'을 향한 실질적인 안내자로 간주되었다.

가톨릭도 이와 비슷하게 그 역사 속에서 일련의 훌륭한 개인들을 추앙해왔으며, 그들의 삶이 찬사와 모방심을 불러일으키기를 바랐다. 훌륭한 성품과 선행이 무엇인지 보여준 약 1만 명의 성인들은 가톨릭의 중심적 덕성인 겸손, 너그러움, 순결, 고상함, 절제, 인내, 근면함을 반영하는 이들이었다. 성인들의 삶을 담은 중세 후기의 베스트셀러 『황금 전설*The Golden Legend*』 같은 책은 성자의 반열에 오른 이 남녀들의 모든 것이 중요하고 주목받을 가치가 충분한 것으로 간주했다. 심지어 거기에는 그들이 어떤 음식을 좋아했고, 무슨 옷을 입었고, 가족은 어떤 사람들이었으며, 머리카락은 무슨 색이었는지도 포함됐다. 그뿐 아니라 이 성인들이 죽었을 때는 시신을 무덤에서 꺼내 뼈를 조각낸 다음 벽감과 예배당 같은 특별한 장소에 모셔두었다. 중세 기독교에서는 이 뼛조각들을 알현함으로써 그들을 숭배하고 감화받기 위해 먼길을 마다하지 않고 여행하는 일이 그리 이상하게 보

(위 왼쪽부터 시계 방향으로)

용기: 〈만티네아의 헤라클레스〉, 기원전 460년경.

운동경기의 위업: 〈원반을 던지고 있는 무명의 선수〉, 기원전 460~450년.

지도력: 〈페리클레스〉, 기원전 430년.

이지 않았다.

셀러브리티를 대하는 기독교도와 아테네 사람들의 태도의 기저에는 자기계발에 대한 의지와 더불어, 위대한 전범들의 삶에 몰입함으로써 더 나은 자기로 거듭나는 법을 배울 가장 풍부한 가능성과 마주하리라는 믿음이 깔려 있다. 가톨릭은 살면서 문제가 생기는 순간에 처할 때, 특정한 성인이 우리 입장에 처한다면 어떻게 대처할지 떠올려봐야 한다고 명확하게 권고한다. 이를테면 부부싸움을 할 때, 우리는 어려운 결혼생활의 수호자인 부르고뉴의 성 간굴푸스를 떠올려야 한다. 혹은 마찬가지로 직장에서 굴욕을 당했을 때, 우리는 실패자들의 수호자인 스웨덴의 성 비르기타의 온화하고 피해망상 없는 이미지를 불러냄으로써 평정을 되찾을 수 있을 것이다.

6

성인들에 대한 가톨릭 교회의 접근법과, 웅변가와 원반 던지기 선수에 대한 아테네인들의 접근법은 현대의 셀러브리티들을 대하는 최선의 방법에 대해 중요한 단서를 제공한다.

첫번째 교훈은 우리가 선망하는 대상에서 정확히 어떤 점이 흥미로운지 좀더 분명하게 알도록 노력해야 한다는 것이다. 이때 뉴스는 거의 도움이 안 된다. 뉴스는 셀러브리티에 대한 호기심의 깊은 근원은 건드리지 않는 경향을 보이는데, 이로 인해 우리는 그들을 적절하

(왼쪽부터) 은제 성유물함에 담긴 시에나의 성 카타리나의 손가락.
어려운 결혼생활의 수호성자 〈부르고뉴의 성 간골푸스〉.
실패자들의 수호성녀 〈스웨덴의 성 비르기타〉.

게 본보기로 삼을 수 없게 된다. 뉴스는 일종의 광적인 에너지를 품고 셀러브리티 주위를 맴돌면서 특정한 업적을 성취한 것이 '어떤 기분인지' 묻고 또 묻거나 그들의 새 영화가 언제 촬영에 들어갈지 같은 앞으로의 계획에 대한 단조로운 질문을 연달아 해댄다. 그것도 아니면 그들이 세탁소에서 나올 때 짓는 표정을 찍기 위해 뉴스는 집요한 파파라치를 덤불 속에 대기시킬 뿐이다. 간혹 이런 전략이 당황스럽게도 셀러브리티의 어떤 훌륭한 면모를 알려주는 바람에 간질거리는 궁금증을 해소해주기도 하지만 말이다.

우리는 가톨릭의 예를 염두에 두면서, 우리 내면을 강화하는 데 필요한 덕성, 즉 용기 또는 활기, 지혜 혹은 창의성, 신뢰 혹은 용서 같은 미덕의 안내자로 적합한 셀러브리티를 찾아내고자 노력해야 한다. 뉴스가 우리에게 소개하는 수백 명의 (평화운동가부터 화가, 스포츠 스타, 신경과학자에 이르는) 셀러브리티 중에서 우리에게 진정 가치 있는 사람들, 우리가 보다 성공적이고 만족스러운 삶을 살도록 영감을 줄 수 있는 태도나 업적을 지닌 사람들을 골라내야 한다. 초자연적인 목적이나 유치한 이상주의가 아니더라도 마음속에 세속적인 '수호성인들'을 모셔둘 수 있다. 다시 말해 자신이 하찮고 무기력하다고 느껴지는 순간, 격려와 영감을 얻기 위해 유명인들로 구성된 자유분방한 앙상블을 마음에 담아둘 수 있는 것이다.

셀러브리티를 보다 생산적으로 활용하려는 탐색을 위해서는 뉴스의 지독한 결점 하나를 뜯어고쳐야 한다. 셀러브리티 인터뷰 말이다. 현재 이 장르는 대개 개인 신상 폭로나 '새로운 계획'에 대한 두서없는 질문에 고정돼 있는데, 미래의 인터뷰는 다른 무엇보다 '우리가 이 유명한 사람에게서 무엇을 배울 수 있을까?'라는 질문에 답하는 것이어야 한다. 셀러브리티가 우리와 다른 분야에 종사하더라도 상관없다. 교훈은 전이 가능하고 미덕은 활동 영역을 가로질러 영향을 끼친다. 이상적인 셀러브리티 인터뷰는 "저는 테니스선수는 아닌데요, 윔블던 테니스 대회 우승자가 2세트에서 오심이 나왔을 때 보인 태도에서 뭘 배울 수 있을까요?" 혹은 "제게는 예술적 야망 같은 건 없습니다만, 도예에서 건축까지 모든 분야에 능숙한 다재다능한 예술가의 면모는 제가 커리어를 쌓는 데 어떤 영감을 줄 수 있을까요?" 같은 질문에 대한 답을 구하는 데 도움을 줄 것이다.

우리는 빼어난 셀러브리티들을 고작해야 소극적인 궁금증이나 엉큼한 호기심에 걸맞은 신비한 유령처럼 대하기를 그만두어야 한다. 그들은 성실함과 전략적 사고를 통해 특별한 위업을 이룬 보통 사람들이다. 우리는 '이 사람에게서 무엇을 보고 배울 수 있을까?'라는 기본적인 질문을 염두에 두고 그들을 사례연구 대상으로 삼아 자세히 뜯어보고 엄밀히 분석해야 한다. 셀러브리티의 옷이나 식단 같은 사소한 것에만 들러붙어 있는 현재의 관심은 성장을 위한 기획으로 방향을 전환해야 한다. 미래의 이상적인 뉴스 서비스에서는 셀러브리티에 대한 모든 이야기가 진정한 교육의 일환이 될 것이다. 그것은 존경하는 인물에게서 좀더 나은 사람이 되는 법을 배울 수 있는 자리로의 초대일 것이다.

7

우리는 셀러브리티를 '똑같이 따라하는' 사람을 두고 안쓰러운 가짜라고 생각하곤 한다. 하지만 선망에 기초한 모방이 높은 수준으로 이루어진다면, 이는 훌륭한 삶의 필수 요소가 된다. 경탄하기를 거부하는 것, 성공한 사람의 성취에 아무런 흥미도 보이지 않는 것은 타당한 근거 없이 오만하게 자신을 중요한 앎으로부터 떼어내버리는 짓이다. 뉴스는 셀러브리티 섹션을 지금만큼 흥미진진하게 만들되, 한편으로 풍부한 심리학적 해석이 가능하고 교육적으로 가치 있는 고귀한 정신의 소유자들을 반드시 소개해야 할 것이다. 그들은 인격적인 단점을 보완하고 미래를 향한 포부의 취약한 부분을 살펴볼 수 있도록 우리의 상상력을 자극하기 때문이다. 셀러브리티에 대한 좀더 성숙한 형태의 뉴스는 우리가 현재의 자신보다 더 나은 존재가 되는 법을 배울 수 있는 진지하면서도 믿을 만한 매개자 역할을 할 것이다.

질투

일론 머스크는 전용기와 100만 달러짜리 스포츠카를 가진 부유한 청년치고는 특이하게 조용하고 수줍음이 많은 사람이다. 키가 크고, 긴 팔에 손이 큰 이 남자는, 이따금 산만해 보이는 소년 같은 얼굴을 하고 있다. 그의 머리는 잠시도 회전을 멈추지 않는다. 2002년 스페이스엑스SpaceX를 설립하기 전, 머스크는 두 개의 인터넷 회사를 만들었다. 그는 첫번째 회사 집투Zip2를 1999년 컴팩에 3억 700만 달러에 매각했고, 두 번째 회사 페이팔PayPal은 이베이에 팔리기 직전 상장되었다. 최대 주주인 머스크는 이제 서른 살이다.

「와이어드」

1

주말에는 비교적 말랑말랑한 뉴스들을 볼 수 있다. 주말판 컬러 지면의 전자제품 기사, 디자인과 패션 기사, 블로그 기사, 인터뷰와 인물 소개 기사가 그것이다. 한 시간 정도 기사들을 훑다보면 다음과 같은 것들을 알게 된다. 스물다섯 살 먹은 요리사가 로어 맨해튼에서 해산물 요리 전문 레스토랑 4곳을 성공적으로 경영하고 있고, 유명 영화감독의 딸이 패션 사업을 시작했고, 한 실리콘밸리 기업가가 카타르로부터 벤처 자본금 10억 달러를 지원받아 사이버 대학교를 설립했으며, 존경받는 독일인 예술가가 베를린에 있는 자기 소유 미술관에서 작업중이고, 전직 월스트리트 은행가가 중국 전역에 부티크 호텔 20개를 막 개장했다는 사실들. 커튼 사이로 햇살이 들어오고 정원으로부터 새소리가 들려오는 가운데 안락함과 평온함을 느끼며 이제 집안일에도 신경을 좀 써야겠다고 마음먹는 어느 주말 아침에, 이 모든 걸 알게 된다.

2

우리는 전례없이 기회의 평등을 중시하는 시대에 살고 있다. 유사 이래 대부분의 인간은 사회적 사다리를 오르지 못한 채 같은 자리에서 평생 살다 죽었다. 부모의 직업이 우리의 직업을 정했고, 출세에 대한 전망 같은 건 존재하지 않았다. 금융시장은 원시적이었고 자본금은 쉽게 구할 수 없었다. 기술적 혁명은 200년마다 일어났고, 정치적 변혁은 그보다 훨씬 더디게 찾아왔다.

진취성, 인내와 노력, 자아실현에 관한 이야기가 끊임없이 기사화되는 것을 보면 알 수 있듯, 이론적으로는 오늘날 성취할 수 있는 것에 한계란 없다. 이른바 창조적인 사람과 끈기 있는 사람은 무엇이나 해낼 수 있다. 이제 우리 중 가장 영악한 사람들은 대륙을 오가며 자본을 끌어들이고, 원고를 작성하고, 공식을 창안하며, 존재의 근간을 바꿀 기계를 설계한다. 고만고만한 조건에 만족하며 그것을 감내하는 건 중대한 실수일 뿐 아니라 어쩌면 정신 이상의 신호처럼 보이게 됐다.

뉴스는 우리 앞에 여러 가지 성공담을 늘어놓고는, 우리에게 만족과 성숙함을 느끼라고 한다. 즉, 거물의 성공에 조용히 기뻐하고, 기업가의 도전정신에 감명받고, 예술가의 국제적 명성에 진지하게 관심을 가지라는 것이다. 번쩍이는 조명, 과다한 노출, 통속적인 언사의 해로움 같은 것에 대해서라면 경고하고도 남았을 언론은, 타인의 성공을 목격함으로써 야기되는, 잠재적으로 문제가 될 수 있는 결과에 대해 우리를 대비시킬 필요가 있다는 사실은 전혀 깨닫지 못한다. 언론은 다른 때와 마찬가지로 이번주도 닥치는 대로 승리자를 선정해 우리 앞에 열심히 늘어놓았으니 우리가 그들 언론의 노고에 고마워할 것이라고 생각한다. 그들은 우리가 토요일 아침 식탁 앞에 앉아 기사를 읽고 나서도 특별히 해롭거나 문제가 될 만한 생각 같은 건 하지 않고, 인류가 가진 순수한 천재성과 풍부한 지략에 대해 넓은 의미에서 기쁨을 느끼며, 이 거인들의 이야기를 순순히 흡수할 것이라 여기는 듯하다.

3

하지만 그와는 반대로, 우리 중 몇몇은 내심 질투의 압력에 굴복하면서, 명백하게 무한한 가능성을 품고 있는 세계로부터 비극적으로 무시당하고 이내 잊히고 말 자아로 인해 아픔을 느낄 공산이 크다. 태연한 얼굴을 하고 있지만, 한때 품었던 희망과 실제로 이룬 것 사이의 간극으로 인해 고뇌할 것이다. 또 동년배들(심지어는 우리보다 훨씬 어린 사람들)이 스스로 입증해낸 성공의 능력과, 우유부단하고 소심한데다 이리저리 헤매는 우리의 자아가 만들어낸 하찮은 성취 사이의 격차 때문에 고통받을 것이다. 이런 괴로움 때문에 감상적인 비애감에 젖기도 하겠지만, 어느 순간이 지나면 자기연민도 더는 재밌지가 않다.

물론 '실리콘밸리 상위 20인의 투자자' 같은 제목에다 그럴듯한 삽화를 집어넣은 신바람난 기사를 보며 실존적 공포를 느끼는 게 가장 합리적인 반응은 아닐 것이다. 하지만 그런 기사를 훑고 나면 우리는 주말판 신문을 한쪽에 내동댕이친 다음 주먹으로 식탁을 힘껏 내리치게 될 것이다. 그러고는 번민에 휩싸여 훌쩍이며, 자기를 조금도 신경쓰지 않는 세상에 대고 (혹은 점심을 준비하다가 깜짝 놀란 배우자에게) 이렇게 외치고 싶은 충동에 위험하리만치 가까이 다가갈지 모른다. **"더이상 이 꼴로는 못살겠어!"**

4

뉴스는 우리의 이런 기분을 달래주어야 한다. 인간 종족 중에서 가장 활력 넘치고 창의적인 부류가 이룬 성취의 증거들을 대중에게 계속해서 보여주는 건 당연한데, 그 때문에 사람들이 살짝 돌아버릴 줄은 미처 몰랐다는 식으로 굴어서는 안 된다는 것이다. 동년배나 같은 성별인 사람이 유력자들과 어울려 다니고 수백만 명의 관심을 끌면서 사업체를 사고파는 기사를 읽고 나서 이를 관대하게 받아들이고 잔잔한 기쁨을 느낄 사람은 심각하게 상상력이 빈곤한 이들뿐이라는 걸 인정해야 한다. 뉴스는 아무 의심 없이 무방비 상태로 있는 소비자들에게 주기적으로 질투심을 불러일으킨다. 하지만 우리가 질투라는 감정을 이해하고 해석하면서 이 감정과 더불어 살아가는데 시급한 도움이 필요하다는 사실을 인식할 만큼의 도량을 뉴스는 갖춰야 한다.

5

시기심은 언제나 맹렬한 도덕주의적 비판의 표적이 되어왔지만, 이는 품위 있는 삶에 꼭 필요한 감정이기도 하다. 시기심은 신중해져야 한다는 신호다. 이 감정에는 우리 인격의 혼란스럽지만 중요한 부분에서 보내온, 앞으로 어떻게 살아가야 하는지에 대한 뒤틀린 메시지가 들어 있기 때문이다. 시기심을 주의깊게 응시하는 건 우리가 진정 어떤 사람이어야 하는가에 대한 답을 찾는, 고통스럽지만 꼭 필요한 발걸음을 떼는 데 도움이 된다.

따라서 시기심을 억제하려 애쓰는 대신 이 감정을 연구하는 데 모든 노력을 기울여야 한다. 우리가 시샘하는 사람들 한 명 한 명은 우리가 이루고자 하는 미래에 대한 요건이 그려진 퍼즐 조각을 쥐고 있다. 잡지를 넘겨볼 때, 신문이나 라디오를 통해 옛 동창의 근황을 듣게 될 때, 그들에게서 느낀 질투는 '진정한 우리 자신'이라는 초상의 퍼즐을 완성할 수 있는 단서가 되기도 한다. 시기심은 처음에는 굴욕감과 열패감을 동반하며 일어나는 감정이지만, 이를 통해 우리가 시기하는 모든 것을 극복할 수 있는 근본적인 질문을 가만히 던질 줄도 알아야 하는 것이다. '내가 이 감정을 통해 무엇을 깨달을 수 있을까?' 시샘이라는 감정은 혼란스러울 정도로 모호하며 공포심까지 동반할 때가 아주 많다는 것은 안타까운 일이다. 우리는 특정한 개인에 대해 질투할 때 그의 모든 것을 두고 질투심을 느낀다. 하지만 그들의 삶을 차분히 살펴볼 시간을 갖는다면, 그들이 이룬 것 중 아주 작은 부분만이 우리가 더 나은 사람으로 진화하는 데 진정 도움을 준다는 사실을, 그리고 그것만이 우리에게 깨달음을 줄 수 있다는 사실을 알게 될 것이다.

6

어떻게 그런 성취를 거둘 수 있었는지 그 과정을 잘 모를 때 오히려 타인을 가장 시기하게 된다. 언론이 좀더 친절하다면, 타인이 거둔 승리를 그저 신비롭고도 당연한 사실로 묘사하기보다는, 그들이 승리하기 위해 어떤 걸 쏟아부었는지 정확히 분석하는 데 막대한 힘을 들일 것이다. 언론은 성공담을 우리가 받아들이고 실제로 모방할 수 있는 사례연구로서 주로 제시할 수 있어야 한다. 지금처럼 기사를 읽으며 공허하게 찬양하거나 분통을 터뜨리게 하는 대신에 말이다.

7

물론 이런 식으로 시기심을 활용하는 데는 한계가 있다. 타인의 성공에 대해 닥치는 대로 듣다보면 지레 겁을 먹고 아예 아무것도 안 하게 되거나, 자신도 모르는 새에 어떤 계획도 실천으로 옮기기 어려워하는 지경에 이를 수도 있다. 자신만의 것을 성취하기 위해서는 다른 이들의 위업을 다룬 뉴스가 주는 심리적 압박에서 벗어나 자유롭게 쭉 뻗어나가야 한다. 뭔가 가치 있는 것, 다시 말해 언젠가 누군가로부터 시샘을 받게 될 만한 일을 해내려면 내면으로 침잠해들어가는 고요한 은둔의 시간이 필요하다.

뉴스는 또한 통계적 현실을 일깨움으로써 우리를 도와야 한다. 설사 주말판이 계속해서 성공담으로 채워지더라도, 성공 그 자체는 언제나 무척 이례적인 것이므로, 수백만의 사람들 중 겨우 몇천 명만이 성취하는 것으로 남아 있을 것이다. 뉴스 편집기자가 우리가 상상하지 못하도록 신중하게 (그리고 사디스트처럼) 감춰놓은 디테일은 그런 것이다.

뉴스가 보여주는 것과는 반대로, 사실 대부분의 사업이 실패한다. 대부분의 영화는 제작에 들어가지도 못하고, 대부분의 직업은 그리 화려하지 않으며, 대부분의 얼굴과 몸매는 완벽한 아름다움과는 거리가 멀다. 거의 모두가 슬퍼하고 오랜 시간 걱정에 잠긴다. 엄청나게 비현실적으로 높은 기준점을 놓고, 그에 비해 우리가 가진 조건이 하찮다고 여기며 한탄해서는 안 된다. 숨막히는 상황을 타파할 능력이 자신에게 없다는 이유만으로 스스로를 미워해서도 안 된다.

우리가 지금껏 이룬 것이 얼마나 보잘것없었나 생각하며 개별적으로 괴로워하기보다, 시기심을 가능한 한 충분히 탐구한 뒤에 이 감정에 대해 다 함께 속상해할 수 있는 기회가 주어져야 한다.

명성을 향한 의지

세계에서 가장 영향력 있는 셀러브리티

70위. 드웨인 존슨, 3600만 달러

71위. 마리야 샤라포바, 2600만 달러

72위. 벤 스틸러, 3300만 달러

73위. 클로이 카다시안 오돔, 1100만 달러

74위. 세스 맥팔레인, 3600만 달러

75위. 샬리즈 시어런, 1800만 달러

76위. 소피아 베르가라, 1900만 달러

77위. 세리나 윌리엄스, 1300만 달러

78위. 앨릭 볼드윈, 1500만 달러

79위. 재닛 에바노비치, 3300만 달러

「포브스」

1

사람들은 왜 유명해지고 싶어하는 걸까? 셀러브리티를 흉내내는 것만 봐도 알 수 있는데, 과연 어떤 심리에서 그런 마음이 생겨나는 걸까? 우연한 기회에 유명해진다거나 아무런 대가를 치르지 않고 유명세를 얻는 경우는 거의 없다. 그렇다면 명성을 얻기 위해 그 어떤 희생이라도 치르겠다는 마음을 갖게 만드는 건 무엇일까?

2

명성을 얻고자 하는 욕망의 핵심에는 감동적이면서도 연약하고 단순한 열망이 있다. 바로 **제대로** 대접받고 싶다는 바람이다. 돈, 호화로운 삶, 섹스 혹은 권력에 대한 욕망 같은 것들은 부차적인 자극제일 뿐, 존중받고 싶은 마음이야말로 유명해지고 싶다는 생각을 갖게 하는 원동력이다.

유명해지기 위해서 혹은 유명세를 유지하기 위해서 인생 전부를 거는 이유라고 하기에는, 이런 마음은 충분히 강력한 것으로 보이지 않을 수 있다. 하지만 명성의 반대말인 치욕이 불러일으키는 부정적인 감정을 과소평가해서는 안 된다. 사람들이 그토록 필사적으로 유명해지기 바라는 까닭은 외면당하고, 업신여김당하고, 구석에 홀로 남겨지거나, 줄 맨 뒤로 가라는 명령을 받거나, 없는 사람 취급을 당하고, 몇 주 뒤에 다시 전화 달라는 소리를 듣는 것이 정말 불에 덴

듯 고통스럽기 때문이다. 유명해지고 싶다는 바람은, 극단적인 방법을 동원하지 않고서는 제대로 존중받기가 거의 불가능한 세상에서 우리의 존엄성을 온전히 인정받으려는 욕망이라고 할 수 있다. 모든 인간은 법 앞에 평등하고 투표함 앞에서도 평등하다지만, 그렇다고 사무실에서나 사교 모임에서 혹은 정부나 민간의 관료주의라는 틈바구니에서 품위 있게 대우를 받으리라는 보장은 없다. 특히 평범한 사람들에게 가장 불친절한 곳이자 광대한 하늘과 끝없는 지평선이 자아내는 이로운 영향으로부터 삶이 단절된 곳인 대도시에서, 존중이란 희소하고 야박하게 배급되는 일용품이며, 무관심은 이곳의 규범이다. 어떤 직업을 가졌는지 묻는 질문에 꽤나 멋들어지고 인상적인 답을 할 수 없다면 맨해튼이나 로스앤젤레스 같은 곳에 발을 들이지 않는 게 상책이다.

3

셀러브리티에게 명성이란 타인의 친절과 존경심을 길어올리는 장치다. 평범한 그 또는 그녀라면 전인격을 걸고 수년에 걸쳐 노력해야 얻을 수 있는 것을, 셀러브리티는 오로지 지명도만으로 단번에 얻을 수 있다. 이처럼 명성은 시간을 절약하게 해준다.

유명한 사람에게는 공손하게 굴어야 한다. 왜냐하면 그는 전 세계 수백만 명이 따르고자 택한 사람으로 보이기 때문이다. 명성은 보이지 않는 숭배자 군단에 의해 뒷받침된다. 셀러브리티의 농담에 웃지 않거나 그의 재능에 회의적인 태도를 보이는 것은 곧 셀러브리티 한 사람뿐 아니라 그를 추대한 사회 전체에 맞서는 것이다. 셀러브리티에게 상을 준 똑똑한 심사위원, 그의 음반을 산 수많은 사람들, 그를 표지 모델로 삼은 전통 있는 잡지들, 이 모든 것은 셀러브리티가 파티에서 누구를 만나든 그들에게 지시할 수 있고 체크인 카운터에서 호텔 지배인에게서 인사를 받게 하는 보이지 않는 힘으로 작용한다. 명성은 예기치 않게 야박한 취급을 당하는 일을 피하게 해준다. 다시 말해 낯선 이가 자비를 베풀어주기만을 바라야 하는 상황을 겪을 필요가 없는 것이다.

4

하지만 모든 사람이 똑같이 간절하게 유명해지길 바라는 건 아니다. 어떤 유년기를 보냈는지, 지금 살고 있는 사회가 어떤 곳인지에 따라 명성에 대한 욕구에는 정도의 차이가 있는 듯하다.

전형적인 유명인사의 유년기에는 (거의 틀림없이) 거절의 경험이 도사리고 있다. 이 경험 없이는 명성에 대한 한결같은 희구란 있을 수 없다. 부모 중 한쪽이 그에게 무관심했거나, 그와 정서적인 교류를 하지 않았거나, 다른 형제자매에게 더 관심을 기울였거나, 그것도 아니면 일찍 죽었거나 해야 한다. 가장 심각한 예는 부모가 유명해지려고 애쓰는 사람이거나 이미 유명해진 누군가와 어울리느라 자기 아이에게 관심을 꺼버린 경우고, 이때 명성에 대한 욕구는 여지없이 강박이 되어버린다.

관심받고 사랑받아야 할 시기에, 한 살에서 열한 살 사이의 무방비하고 연약했던 시절에, 미약한 존재라는 것 외에는 타인의 사랑을 얻을 그 어떤 정교한 수단도 없던 그때에, 아직 배아 상태의 유명인사들은 자신이 무척이나 원했던 부모에게 스스로의 중요성을 인식시키지 못했다. 그리고 이는 삶 전체의 궤적에 영향을 미칠 만큼 비극적인 모욕이었다. 한때 스스로를 얼마나 투명인간처럼 느껴야 했는지가 훗날 얼마나 간절히 특별하고 널리 알려진 사람이 되고자 하는지를 결정한다.

안타깝지만 당연하게도, 명성을 획득한다고 해도 어린 시절에 겪은 모멸감은 거의 사라지지 않는다. 그가 품은 진짜 소원은 (음악, 조각, 거래 성립 등에서 거둔) 성공을 통해 부모에게 깊은 인상을 심어주는 게 아니라 그저 **있는 그대로** 사랑받는 것이다. 따라서 명성을 얻은 바로 그 순간에 공허감이 따라오기 십상이다. 명성 자체만으로는 애초에 그걸 소망하는 데 불을 붙였던 굴욕감을 상쇄할 수 없는 탓이다. 유명인사들이 이따금 보이는 자기파괴적인 행동은 상처뿐인 승리를 향한 분노가 혼란스럽게 발화된 것이며, 자기에게 바쳐지는 수많은 달콤한 말을 파괴하고자 하는 욕망이기도 하다. 그 달콤한 말들이 부모가 자신에게 보였던 소홀함을 보상해주지는 못하기 때문이다.

이와는 대조적으로, 권리를 주장할 필요도 없고 평범한 직업에도 만족할 수 있는 행복한 무명의 성인은 이런 시나리오에서 진정으로 특권을 가진 사람이다. 왜냐하면 그 또는 그녀는 인간이 받을 수 있는 가장 커다란 선물 중 하나, 즉 부모의 사랑과 보살핌의 중심에 있다는 느낌을 누려봤기 때문이다. 10여 년 정도 부모의 사랑을 받으면 중요하지 않은 존재로 사는 50여 년에 대처할 힘을 얻을 수 있다. '특별한' 유년기를 보냈다는 말은 아이의 정서적 욕구가 웬만큼 충족되었을 때만 그 합당한 의미를 갖는다.

이런 분석은 우리가 얼마나 부모 노릇을 잘하고 있는지에 대한 리트머스 시험지를 덤으로 제공한다. 아이들에게 어떻게 해서든 유명해지고 싶은 마음이 있는지 물어보기만 하면 되는 것이다.

5

명성에 대한 사람들의 욕망이 얼마나 강렬한가 하는 문제는 그들이 속한 사회의 성격과도 관련이 있다. 극소수에게만 존엄과 호의가 주어진다면, 평범한 존재에서 벗어나고 싶은 충동은 더욱 거세진다. 따라서 '셀러브리티 문화'를 콕 집어 부도덕한 젊은이들 탓이라며 비난하는 사람은 핵심을 놓치고 있는 것이다. 셀러브리티 문화의 진짜 원인은 자기도취적인 얄팍함이 아니다. 진짜 이유는 친절함의 부족이다. 모두가 유명해지고 싶어하는 사회는, 근본적으로 (넓은 의미에서) 여러 정치적 이유로 인해 평범한 삶을 살면서는 품위에 대한 자연스러운 욕구를 충족할 수 없는 사회다.

현대 세계가 셀러브리티에 목을 매는 한, 우리는 부박하기보다는 불친절한 세계에서 살고 있는 것이라고 할 수 있다. 명성은 목적을 이루기 위한 수단이 되었고, 존경을 받을 수 있는 가장 직접적인 경로가 되었다. 또한 존경은 친절한 행동 같은 명성과는 무관한 것으로 얻을 수 있는 게 아니라, 잡지의 표지 인물이 되어야 얻을 수 있게 되었다.

만약 명성을 향한 열망들이 사그라지길 바란다면, 셀러브리티 뉴스 앞에서 눈살을 찌푸리거나 그 뉴스에 대한 검열을 시도하는 것으로 시작해서는 안 된다. 우리는 친절, 인내심, 배려 같은 미덕이 더 널리 퍼질 수 있는 방법을 생각하기 시작해야 한다. 특히 젊은이들 사이에서 말이다.

명성이 주는 상처

런던 고등법원은 가수 엘턴 존을 풍자한 칼럼이 명예훼손이 아니라는 판결을 내렸다. 엘턴 존은 〈가디언〉에 실린 기사가 자신의 진지한 자선 사업을 조롱했다고 주장했다. 그는 기사가 심지어는 화이트 타이 앤드 티아라 볼• 같은 중요한 행사를 조롱거리로 삼았다고 주장하면서, 자신은 돈을 벌기 위해서가 아니라 자체 홍보 차원에서 셀러브리티들을 참석시키고자 했다고 밝혔다. (…) 엘턴 존은 그 기사가 "근거 없이 공격적이고, 고약하며, 헐뜯는 어조"로 쓰였다고 설명했다. 하지만 판사는 "문제가 된 표현에 (…) 〈가디언〉 주말판을 읽는 합리적인 독자들이 거기에 진지한 주장이 담겼다고 이해했을 것 같지는 않다"며 주장을 기각했다. 엘턴 존은 손해배상과 사과를 요구하고 있었다. 이에 대해 〈가디언〉은 성명에서 "엘턴 존이 기사에 대해 유머 감각을 발휘하지 못한 것은 유감스러운 일이다. (…) 이 나라의 신문은 17세기 이래 풍자적인 기사를 발행해왔다. 이번 판결은 때때로 악의 없는 장난을 칠 수 있는 권리를 승인한다는 점에서 중요하다"고 밝혔다.

페레즈힐턴닷컴

• White Tie and Tiara Ball: 엘턴 존이 운영하는 에이즈 재단의 기금 모금을 위한 연례 공연.

1

유명해지고자 하는 사람들은 자신만은 좀 색다른 관심을 받기를 꿈꾼다. 자신의 재능에 공감해주고 실수에는 너그러운 관중, 자애로운 부모와 이상적인 선생님 또는 만물을 꿰뚫는 인자하신 하느님을 닮은 대중이 자신에게만은 **품격 있는 관심**을 가져줄 거라 상상하는 것이다.

그러다가 일단 유명해지면, 그들은 자신이 가장 껄끄러운 종류의 관심을 받는 사람이 되었다는 사실을 깨닫는다. 격렬한 애정 뒤에 갑작스런 증오가 따라오고, 정말 사소한 잘못을 저질렀을 뿐인데 잔인하게도 대중은 그들을 이해해주지 않는다. 대중은 그들의 약점을 물고 늘어진 다음 절대로 그걸 잊지 않으며, 처음 이목을 끌 수 있었던 그들의 재능과는 전혀 관계없는 문제에 외설적인 흥미를 보인다. 저널리스트들은 새벽에 그들의 쓰레기를 뒤지고, 인터넷을 통해 민망한 사진이 공개되고 나면 몇 시간 만에 그들은 수백만의 조롱을 산다. 만약 그들이 이런 유의 관심, 즉 **저질스런 관심**이라 일컬을 만한 것에 불평이라도 할라치면, 사람들은 이내 근엄한 척 굴면서 그들의 분수를 깨닫게 해준다. 대중의 환심을 얻으려 하는 자는 자기에게 어울리는 관심을 고를 수 없다는 사실을, 그러니 어떤 관심이든 감사히 받아들일 준비를 해야 한다는 사실을 알려주는 것이다.

2

셀러브리티들은 무척이나 특별한데다 엄청난 특권을 누리는 사람들인지라, 우리는 그들이 모든 면에서 종적 특수성을 지닌 존재가 아님을, 특히 당신과 나처럼 무척이나 상처받기 쉬운 존재라는 것을 기억해내려면 조금은 노력을 기울여야 한다.

셀러브리티는 명성을 얻으려 마음먹게 되는 최초의 계기인 과도한 인정 욕구로 인해, 일단 이름을 얻고 나면 반드시 직면하게 될 악담과 비방에 대처하는 데는 미숙하다. 그러다가 셀러브리티는 자신의 이름값이 단지 자기 것만이 아니라, 자신이 형편없이 불완전하고 간접적인 방식으로 관리하는 대중과 자신 사이의 합작품이라는 사실을 어쩔 수 없이 이해하게 될 것이다. 명성을 관리하는 일에는 마치 비눗방울을 통제하려는 것 같은 공허함이 배어 있다. 모욕감이 엄습하는 순간, 겁에 질린 셀러브리티의 마음속에는 모든 사람이 그 독기 어린 기사를 읽고 민망한 사진을 보았을 것이며 그들이 최악의 것만 믿으리라는 생각이 피어난다. 명성을 얻기 위해 그토록 고투하게 만들었던 스스로에 대한 두려움이 현실로 나타난 것이다. 자기 자신과 세상을 향해 자신이 괴물이 아님을 증명하려 애썼지만, 실은 자신이 정말 괴물일지도 모른다는 두려움 말이다.

3

때로는 이 지점에서 영웅적으로 맞서는 자세가 요구되기도 한다. 상처 입은 셀러브리티는 자신이 지닌 가치만을 생각하라는, 세상이 뭐라 말하건 무시하라는 충고를 듣는다. 하지만 애초에 그들이 세상 사람들의 생각에 지나치다 싶을 정도로 신경쓰는 성향을 갖고 있지 않았다면 어떻게 유명해질 수 있었겠는가?

적들의 마음속을 들여다보는 것이 차라리 더 나은 전략일 수 있다. 셀러브리티는 아마 자신을 비난하는 사람들이 밑도 끝도 없는 강박적인 증오심만으로, 냉혹한 확신을 가지고 날 선 추론을 한다고 생각할 것이다. 그런데 셀러브리티에게 딴죽을 거는 사람들은 대부분 그저 경솔하고, 공감 능력이 부족하며, 질 낮은 기준에 익숙하고, 남이 하는 대로 따라하는 이들이다. 그들은 자신이 못되게 구는 대상이 실제로는 남의 말을 귀담아듣고 깊이 상처받기 쉬운 사람일 수도 있다는 사실을 순전히 믿기 어렵다는 이유로 그렇게 쉽게 험담을 내뱉는 것이다. 마치 높은 고도에서 떨어뜨리는 폭탄처럼 희생자를 직접 볼 필요가 없을 때, 상처의 정도는 더 커지게 마련이다.

4

우리가 다른 사람이 실패하길 바라고 그들의 실수에 대해 험담하길 즐기는 건 결국 무척이나 슬픈 이유 때문이다. 우리는 주목받지 못해

화가 나 있고, 그래서 우리 몫을 빼앗아간 것처럼 보이는 사람들을 단죄함으로써 위안을 얻고자 하는 것이다. 좌절된 야망이 우리를 실패자로, 다른 이의 실패를 바라는 사람으로 만든다.

험담을 늘어놓고 싶은 충동과 명성에 대한 욕망은 똑같은 아픔에서 비롯한다. 양쪽 다 관심의 결핍에 기인한 것이다. 유명인들은 실제로는 (더 큰 무대에서 더 큰 규모로 그러는 것이긴 하지만) 우리가 해결하려 애쓰는 것과 같은 문제, 즉 멸시를 붙들고 씨름하고 있다. 심지어 유명인들이 세간의 관심을 얻는 데 실패하는 상황은, 대담한 비행술 선구자들의 비행과 닮았다고 말할 수도 있을 것이다. 초창기의 많은 비행사들이 비록 심각한 폭발과 충돌로 사망했지만, 그들의 궁극적인 목표는 언젠가는 모두가 안전하게 비행할 수 있도록 하는 것이었다. 이와 마찬가지로 시간이 지나면 자존감은 점점 모두가 다 같이 누리는 것이 되고, 아직까지는 소수만이 받는 칭송이 보다 적절하게 민주적으로 널리 퍼지기를 명예의 무대에서 희망해볼 수 있을 것이다.

우리는 여전히 **민주주의**라는 말이 진정으로 뜻하는 바를 가늠하고 있다. 맨 처음 이 단어는 권력이 소수의 수중에 떨어져서는 안 된다는 확신을 반영한 것이었다. 이 점을 이해하는 데까지, 그리고 투표권 박탈이 통치자가 국민에게 가하는 진정한 해악 중 하나라는 사실을 엘리트들이 깨닫게 되기까지 수많은 시간과 민감화 과정•, 그리

• sensitization: 실험심리학의 용어로, 특정 자극을 계속 가함으로써 그 자극에 대한 반응 강도가 높아지도록 조작하는 것.

고 명확한 정치적 의사 표시가 필요했다. 이제 우리는 민주주의의 절차를 계속 따라가는 한편, 우리에게 투표의 권리만큼이나 시급하고 어쩌면 더 중요할지 모를 또다른 요구 사항들이 있다는 사실을, 그리고 그 요구 사항에 품위와 존중에 대한 권리가 포함돼야 한다는 사실을 받아들여야 한다. 우리는 남에게 만만히 휘둘리고 굴욕당하는 경험이 야기하는 헤아릴 수 없는 심리적 타격에 민감해져야 한다. 사회 구성원들이 누려야 할 가장 중요한 욕망을 일상적으로 억누르는 사회는 명성에 대한 강력한 욕망으로 인해 고통받을 것이다. 그 욕망에는 지금껏 명성을 확보해온 극소수 사람들에 대한 냉소적이고 복수심에 불타는 분열증적 공격성이 분출해 뒤섞여 있다.

악랄한 험담과 명성에 대한 지나친 갈망, 이 둘을 모두 해결하려면 현 사회 제도 안에서는 거의 상상도 할 수 없는 묘책이 필요하다. 그것은 구성원들이 서로에게 품격 있는 관심을 갖는 것이다. 이 해결책이 좀더 널리 받아들여진다면 극소수 사람들에게 모욕을 안기거나 혹은 다수 속에서 눈에 띄고자 애쓸 필요가 줄어들면서 모두의 번영으로 나아갈 것이다.

VI.
재난 뉴스

비극

어제 어퍼 이스트사이드에 위치한 자신의 고층 아파트 30층에서 떨어져 사망한 맨해튼 출신 의사의 사인은 명백한 자살로 보인다고 경찰과 증인들이 밝혔다. 68세의 마취과 의사 셸던 '셸리' 스타인바크 박사는 아침 9시 35분에 이스트 246번지 63번가 건물의 2층 발코니 위로 떨어졌다. "쾅 하는 소리를 들었어요. 우리가 밖을 내다봤더니 그 사람이 보이더군요. 몸이 완전히 부서졌더라고요." 의사가 추락한 곳에서 두 층 위에 거주하는 주민 조너선 커슈너 씨(25세)의 말이다. 그는 덧붙여 말했다. "그때 경비원이 어떤 여자가 자기 남편을 찾는다면서 왔어요." 스타인바크의 트위터에는 2011년 10월 이후로 새로 올라온 글이 없었다. 트위터에 있는 그의 자기소개는 다음과 같다. '저는 뉴욕에 사는 마취과 전문의입니다. 잘 지내고 있지요. 기혼이고, 유산소운동과 음악을 좋아합니다.'

〈뉴욕 포스트〉

1

뉴스를 접할 때마다 우리는 인간이라는 종에게 일어날 수 있는 가장 끔찍한 사건들을 생생한 기사로 맞닥뜨린다. 절망한 남자가 창문에서 뛰어내리고 엄마가 아이들을 독살하고 선생이 제자를 성폭행한다. 남편이 아내의 목을 베고 십대 청소년이 친구를 총으로 쏜다. 뉴스는 인간이 만든 공포라는 혹독한 시련 속으로 아주 확실하게 우리를 인도한다.

이때의 세련된 반응은, 그런 죽음과 외상은 그야말로 슬픈 일이어서 타인의 시선을 받게 하기에는 너무 사적인 사건이라고 주장하며 먼산을 쳐다보는 것이다. 이런 관점에서 보면 그 어떤 호기심도 무척이나 후안무치해 보이며, 또한 현대적인 병리 같아 보인다.

진지한 언론사의 경우, 인간이 여전히 분별력과 품격을 갖추고 있다는 믿음을 혹독하게 흔드는 사건을 다룰 때, 사생활 침해를 하지 않기 위해 신중한 어조를 채택하는 것이 일반적이다.

그들은 최근 일어난 잔인무도한 사건에 대한 선정적이고 세밀한 묘사는 양심의 가책에서 자유로운 좀 덜 품격 있는 동료 언론사들이 하도록 남겨둔다. 발코니에서 떨어진 시체를 클로즈업한 이미지, 어린아이가 묶여 있는 침대 이미지, 또는 배우자의 피가 아직 묻어 있는 카빙 나이프• 이미지 같은 것을 다른 언론사가 대신 전하도록 하

• carving knife: 식탁에서 육류 요리를 자를 때 쓰는 칼.

는 것이다. 그런 사건 기사를 기꺼이 떠맡을 때, 이따금 양심의 가책을 느끼기는 하겠지만, 수백만 독자와 시청자의 일치단결되고 수익성 높은 관심이 보상으로 주어진다.

2

끔찍한 이야기에 대한 대중의 관심을 천박하고 비생산적인 것이라고 단정짓는 건 어렵지 않다. 하지만 이런 단정의 표면적 진부함 속에서도 (혼란스럽고 분명치 않은 방식으로나마) 이따금 우리가 중요한 지점에 가닿고자 시도한다는 사실을 받아들여야 한다. 피에 흠뻑 젖은 이야기에 빠져 있다고 해서 우리가 언제나 그저 오락거리나 기분 전환할 수 있는 무언가를 찾고 있는 건 아니다. 또한 우리가 마냥 음란하기만 하거나 삶에서 경험하지 못한 격렬한 감정을 태연하게 착복하는 것도 아니다.

우리의 문명화된 자아를 단단하게 붙들고 지키려고, 특히 항상 덧없이 스러지는 인내, 자제력, 용서, 공감을 비축해두려고, 야만적인 이야기 앞에 자신을 노출할 기회를 찾는 것일 수도 있다.

극악한 사건에 매혹되는 우리를 그저 도덕적으로 꾸짖기보다는, 그 사건들이 전달되는 방식을 바꾸는 것이 진정한 과제여야 한다. 이런 사건이 지닌 정서적이고 사회적인 차원의 긍정적 효과는 그 중요성에도 불구하고 너무 쉽게 묻혀버리고 마는데, 이런 긍정적인 효과가 더 잘 드러나게 하기 위해서도 그래야 한다.

3

매해 3월 말이면 고대 아테네 시민들은 디오니소스 극장이 들어선 아크로폴리스 남쪽 경사면에 모여 앉아, 탁 트인 하늘 아래에서 위대한 비극 작가들의 최신작에 귀를 기울이곤 했다. 이 작품들의 줄거리는 심란하리만치 으스스했는데, 오늘날 뉴스가 제공하는 기사와 상당히 유사한 면이 있다. 아버지를 죽이고 어머니와 결혼한 뒤 자기 눈을 후벼판 남자의 이야기(『오이디푸스 왕』), 동생의 아내가 저지른 부정에 대해 복수하려는 계획의 일환으로 자기 딸을 살해한 남자의 이야기(『이피게네이아』), 다른 여자와 살림을 차리려는 부정한 남편의 계획을 망치고자 자기 아이 둘을 살해한 어머니에 대한 이야기(『메데이아』) 등을 보라.

철학자 아리스토텔레스는 기원전 335년경에 저술한 『시학』에서, 이런 이야기들을 고상한 사람이라면 응당 피해야 하는 기괴한 구경거리로 간주하는 대신, 이런 이야기에 끌리는 인간적 매혹을 관대하게 바라보았다. 그는 그러한 이야기들이 잘 쓰이고 솜씨 좋게 상연될 경우, 사회 전체의 정서적이고 도덕적인 교육에 결정적인 자원이 될 수 있다고 주장했다. 거기 묘사된 잔혹행위에도 불구하고, 이 작품들은 사람들을 교화하는 힘으로 기능할 수 있다는 것이다.

하지만 아리스토텔레스는 이런 일이 일어나기 위해서는, 즉 **공포**(불쾌감만 야기하는 사건에 대한 아무 의미 없는 서술)가 이 철학자가 일컬은 **비극**(혐오스러운 소재로 만들어내는 교육적인 이야기)으로 변화하기 위해서는, 플롯이 잘 짜여지고 등장인물의 성격과 행위 동기가 설득력을 갖춰 설명되는 것이 필수적이라고 보았다. 정신이 나간 게 분명한 이야기 주인공은 충동적이고 오만하고 맹목적으로 행동하며, 다른 이들을 살해하고 자신의 명성과 삶도 파괴한, 언뜻 보기에는 (뉴스 기사에서도 마주친 적 있는) 미치광이일 뿐인 인물이다. 그런 주인공이 결정적인 면에서 우리와 닮아 있다는 사실을 깨닫는 지점까지 관객들이 자발적으로 다다르게 하기 위해서는 대단히 솜씨 있게 드라마를 직조할 필요가 있었다. 비극작품은 관객이 주인공의 무시무시한 잘못과 범죄를 지켜보고 나서 '나 역시 너무나 쉽게 똑같은 짓을 저질렀을 거야'라는 소름끼치는 결론 말고는 다른 결론을 내릴 수 없는 바로 그 순간에, 진정한 도덕을 일깨우고 가능성을 계발하는 데 능력을 발휘하곤 했다. 비극의 임무는 본질적으로 품위 있고 호감 가는 인물도 결국엔 쉽사리 주위를 지옥으로 만들어버릴 수 있음을 보여주는 것이었다.

우리가 완전히 정상이었다면, 광기가 우리의 일면을 심각하게 지배하지만 않았다면, 우리는 타인의 비극에 큰 관심을 갖지 않았을 것이다. 미디어를 통해 이런저런 섬뜩한 기사들을 접하는 동안, 우리는 고도로 무의식적인 차원에서 다음과 같은 충격적이지만 중요한

한 남자가 아내를 벌하기 위해 자기 집으로 차를 몰고 돌진했다.
맨체스터, 2012년.

메데이아는 남편을 벌하고자 아들을 살해했다.
그리스 단지, 기원전 330년경.

우리가 범죄 이야기에 매혹되는 건
우리는 절대 그런 짓을 저지르지 않으리라는 걸
확인하고자 무의식적으로 노력하기 때문일 수 있다.

문제를 탐구할지도 모른다. '모든 게 엉망이 돼버린 어느 늦은 밤, 상처받고 지치고 불안한 상태에 빠진다면, 나도 내 연인을 살해할 수 있지 않을까?' '이혼을 했는데 배우자가 내게서 아이들을 떼어놓으려 한다면, 나는 뒤틀린 복수심으로 아이들을 죽일 수도 있지 않을까?' '인터넷상에서 미성년자와 채팅이라도 한다면, 나는 무슨 엄청난 짓을 벌이고 있는지도 깨닫지 못한 채 결국 그애를 유혹하려 들지 않을까?'

문명이 지속되기 위해서는, 우리는 이 모든 경우에 확고히 **아니라고** 자연스럽게 대답해야 한다. 뉴스의 진지한 임무가 여기에 있다. 끔찍한 사건에 대한 보도는, 인간의 혼란스러운 일면으로 인해 (극단적인 상황에서라면) 저질러버릴 수 있는 일들을 우리가 저지르지 **않도록** 최대한 격려하는 방향으로 이루어져야 한다. 우리는 아이를 만나는 날이 끝나갈 무렵 결코 아이를 다리 밖으로 내던지거나 다툼을 벌이다 연인을 총으로 쏴 죽이지는 않을 테지만, 가끔은 이런 일이 벌어질 수 있는 감정적인 공간에 놓인다. 비극은 사람들이 자신을 통제하지 않을 때 어떤 일이 벌어지는지 보여줌으로써 우리가 스스로를 강하게 제어해야 한다는 점을 상기시킨다.

4

비극은 선한 삶에 대한 깨달음을 주어야 할 뿐 아니라 너그러운 마음을 북돋아주기도 해야 한다. 배우자나 자녀를 살해한 사람에게 얼마나 공감할 수 있는가는 그들의 이야기가 우리에게 어떻게 전달되느냐에 따라 크게 달라진다. 그들에 대해 어떤 정보를 들었는지, 그들의 범죄 동기가 어떤 방식으로 소개되었는지, 그들의 심리가 얼마나 통찰력 있고 복합적으로 우리 앞에 제시되었는지에 달려 있다는 얘기다.

그리스 비극에서 코로스•는 수시로 사건에 개입하여 감정의 방향을 조정하고 등장인물의 행동에 풍부한 맥락을 부여했다. 코로스는 주인공이 어떤 죄를 저질렀건 간에 그에 대해 엄숙한 존경을 담아 표현하는 경향을 보인다. 그런 섬세함 덕에 『오이디푸스 왕』 공연을 보며 불운한 중심인물들을 '패배자'나 '정신병자'로 치부하는 관객은 매우 드물었다.

뉴스의 서술 방식은 이보다 덜 신중하다. 그 결과, 뉴스를 보며 우리가 내리는 판단도 훨씬 험악하고 심술궂다.

> 고문 장면을 포함한 1300장 이상의 아동 포르노 사진을 다운로드한 티스사이드의 의사가 징역형에 처해졌다. 경찰은 소너비의 웬즐리데일 가든스 출신 제임스 테일러(31세)의 노트

• Choros: 그리스 비극에 등장하는 합창대. 극 속에 수시로 개입하여 내용을 설명하거나 등장인물과 대화하는 등 작품의 주요 요소로 활약했다.

북에서 '역겨운' 사진들을 발견했다. 웨이크필드의 핀더필즈 병원에서 일했던 테일러는 징역형에 처해지기에 앞서 아동 음란물을 보았다고 시인했다. 티스사이드 형사법원 판사는 지난 금요일 테일러에게 징역 1년 1일을 선고했고, 평생 아동 관련 업무를 금지하는 조치를 내렸다.

BBC

한눈에도 이 의사는 어떤 동정도 살 자격이 없는 것 같다. 하지만 우리가 그를 어떤 인간으로 간주할 것인가 하는 문제는 전적으로 이 사건의 실상이 제시되는 방식에 따라 좌우된다. 이야기가 다른 방식으로 전달된다면 우리는 그에게 다소나마 공감하게 된다. (도스토옙스키나 예수가 일깨워주듯) **사악한 사람만이 이런 짓을 저지르는 게 아니다.**

뉴스 보도의 맥락에서 이런 주장은 논쟁적일 수 있고, 심지어 위험하게 보일 수도 있다. 왜냐하면 서로 반대되는 것처럼 보이는 두 가지 생각, 즉 범죄자를 이해하는 동시에 그 또는 그녀를 단호하게 단죄할 수 있어야 한다는 생각을 마치 곡예라도 하듯 처리해야 하기 때문이다. 뉴스는 대중이 이런 개념적인 재주 부리기를 이해할 수 없을 거라고, 범죄자에게 어떤 공감이라도 표현한다면 대중은 감옥 문을 열어 살인자들이 거리를 활보하게 놔두길 바라게 될 거라고 은근히 확신하고 있다. 따라서 뉴스는 범죄자들을 인간적으로 보이도록 하기 위해 필요한 화술과 심리적인 장치를 마련하는 것을 계속해서 거부하고 있다.

그러는 대신 뉴스는 기사들을 신속하게 처리한다. 『오이디푸스 왕』의 공연 시간은 대략 한 시간 반이지만, 의사가 나오는 뉴스 기사는 단 몇 문장으로 끝이다.

당연하게도, 이런 기사 제목을 보면 분노의 감정은 극에 달한다.

> 의사가 '역겨운' 아동 포르노를 소지

하지만 계속 읽다보면 우리의 확신에 찬 분노는 도전받게 될지 모른다. 기사 말미에 가면 우리는 다음과 같은 사실을 알게 된다.

> 테일러에게 10년간 성범죄자 명부 등록을 명령하면서 판사는 이렇게 말했다. "이 판결로 인해 당신의 경력이 끝장나리라는 데는 의문의 여지가 없습니다."

우리는 의대에서 보낸 7년이 이런 식으로 끝나버렸다는 사실에 끔찍해할지 모른다. 기사를 보면 의사가 분명 공포에 휩싸였을 것임을 알 수 있다.

> 법정은 테일러가 처음에는 혐의를 부정하다가, 경찰 심문에

> 서 사진들을 다운로드한 사실을 뒤늦게 시인했다는 진술을 청취했다.

그 결과 그는 엄청난 대가를 치러야 한다.

> 변호사 스티븐 리치는 조지 무어하우스 판사에게, 이미 테일러 부인이 갓 태어난 아이를 데리고 그를 떠났으며, 그의 인생은 무너져버렸다고 말했다.

기사에 추가된 내용에 따르면 감옥에 있는 동안 남자는 자살을 시도했다. 이 모든 것이 『보바리 부인』이나 『햄릿』의 줄거리만큼이나 슬프다. 그러니 한번 따져보자. 이 의사의 성격이 근본적으로 보바리 부인이나 햄릿보다 더 나쁘지는 않다. 햄릿은 어쨌든 살인자고, 엠마 보바리는 극단적인 아동 학대라는 죄를 저질렀다.

우리는 그들을 '비극적' 인물상이라고 (즉, 복잡하게 해석될 자격이 있다고) 여긴다. 그들의 본성이나 배경에 특별히 고귀하고 위엄 있는 무언가가 반드시 있을 거라고 상상하기 때문이다. 그런데 대체 무엇이 보바리와 햄릿을 보통의 범죄자와는 차원이 다른 사람으로 승격시키고, 이들을 감옥에 갇힌 의사처럼 매몰찬 취급을 당하지 않도록 하는 걸까. 그건 바로 플로베르와 셰익스피어의 영혼이 지닌 관대함이다.

5

비극적인 사건을 보도할 때, 뉴스는 끔찍한 행동을 특정한 인물의 고유한 행동으로 보이도록 하는 경향이 있는 반면, 더 큰 울림을 줄 수 있는 유용한 결론을 끌어내는 데는 주저한다. 그 결론이란 우리가 끔찍한 행동으로부터 머리카락 한 올 정도밖에 떨어져 있지 않다는 사실이다. 적절한 방식으로 이런 깨달음을 얻게 될 때, 우리는 성찰하는 태도로 성숙한 슬픔에 잠길 수 있다. 우리는 우리 종의 다른 구성원들이 저지른 범죄행위에 생각보다 더 깊이 연루되어 있다. 심각한 범죄 기록이 없는 건 대체로 운이 좋거나 환경이 좋아서일 뿐, 본성이 타락하지 않았다는 증거가 될 수는 없다. 깨끗한 양심이란 상상력이 충분하지 못한 이들의 전유물이다. 인생이, 혹은 그리스인들이 신이라 일컬었던 존재가, 실제로 우리를 시험에 들게 한다면 우리는 죄인의 상황을 헤아려보는 척도를 마련하는 데 대한 세간의 인식이 부족하다는 점을 거의 확실하게 깨닫게 될 것이다.

고대 그리스의 비극 작가들은 이 점을 절대 잊지 않았다. 그들은 우리가 얼마나 사악하고 어리석고 육욕에 불타고 화를 잘 내며 맹목적일 수 있는지 알려주기를 즐겼지만, 그러면서도 복잡한 연민을 가질 여지는 남겨놓았다. 그들은 우리에게 사례들을 전함으로써, 우리가 고귀하지만 추악한 결점을 가진 종의 구성원이라는 사실을 받아들이도록 잘 타이른다. 우리는 놀라운 재주를 지녔거나 능숙하게 의술을 선보이는 사람이기도 하고, 오랜 기간 사랑으로 자녀를 돌보는

아버지와 아들, 그리고 나중에 아버지가 아들을 살해한 장소가 돼버린 승용차.

아내 에리카와의 10년간의 결혼생활이 끝나는 것을 막으려는 시도가 실패로 끝난 뒤, 피더슨 씨는 두 자녀 벤(7세)과 프레야(6세)를 살해하고 스스로 목숨을 끊었다. 피더슨 씨는 지난 일요일 저녁 두 아이를 칼로 찔러 살해했으며 아이들의 시신은 죽은 아버지 옆에서 발견되었다. 피더슨 씨는 최근 아내(43세)와 결별했다. 그는 광분한 상태에서 자녀를 '무시무시하게' 칼로 찔러 죽인 뒤, 더 큰 칼로 자신의 가슴을 3회, 그리고 팔뚝을 1회 찔렀다. 피더슨 씨는 아이들을 차에 태우고 햄프셔의 외진 시골길로 가서 주차한 상태였다. 그곳에서 개를 산책시키던 사람이 이들의 시체를 발견했다. 그는 피더슨 씨의 사브 컨버터블 차량을 보았고, 곧이어 아이의 다리를 발견했다고 진술했다.

〈데일리 메일〉

존재일 수도 있지만, 딱 한 번의 무분별한 행동으로 삶 전체를 돌려세워 한순간에 날려버릴 수도 있는 존재인 것이다. 우리는 마땅히 이를 두려워해야 한다.

6

고대 그리스인들은 한 해에 한 번, 정해진 시기에, 특정한 상황 속에서 작품의 큰 목적을 숙지한 채 비극작품을 관람했다.

반면 우리는 거의 날마다 비극적인 기사를 접하지만 그 기사들이 일관된 서술 방식을 통해 독특한 윤리를 전달하려 한다는 느낌은 거의 받지 못한다. 자제력을 잃고 내면의 괴물이 풀려나면서 발생한 그 모든 사건을 뉴스는 단일한 장르 안에서 생각해볼 수 있도록 하지 않는다. 뉴스는, 응당 그래야 하는데도, 온갖 별의별 무서운 이야기들을 '비극'이라는 통일된 장르 안으로 포섭하려 하지 않는 것이다. 피투성이 주인공의 정신 나간 행동을 보며 우리 자신에게도 그런 들끓어오르는 성향이 있다는 것을 쉽게 인식할 수 있도록 서술하지도 않는다.

7

결국 뉴스의 상당 부분은 지구상 도처에 자리한, 온갖 종류의 엄청난 잘못을 저지르는 사람들에 대한 이야기가 차지한다. 그들은 감정을 다스리는 데 실패하고, 집착을 억제하는 데 실패하고, 잘못된 판단을 바로잡는 데 실패하고, 기회가 남아 있을 때조차 제대로 행동하는 데 실패한 사람들이다. 그들의 실패를 그냥 보아넘겨서는 안 된다. 뉴스는 문학이나 역사학처럼 '인생의 시뮬레이터'로 기능할 수 있다. 일상의 경험을 훨씬 뛰어넘는 다양한 상황 속으로 우리를 안내함으로써, 여유가 있을 때 그런 상황에서 취할 수 있는 최선의 대처 방안을 미리 생각해보도록 돕는 중추적인 역할을 할 수 있는 것이다.

하지만 뉴스는 비참한 동료 인간들의 경험에서 우리가 뭔가를 배우는 데 도통 협조하지 않는다. 또한 우리와 사회가 늘 다시금 빠져버리게 되는 오류를 면할 수 있도록 적극적으로 노력하지 않는다. 우리가 이미 짚어보았듯이, 훌륭한 삶을 살기 위해서는 그런 삶을 살도록 추동하는 인물들을 모방하거나 그들로부터 뭔가를 배워야 한다. 한편 우리를 진심으로 두렵게 하고 간담을 서늘하게 하면서 경고를 던지는 인물들의 행동을 자세히 연구하는 일에 착수하는 것도 마찬가지로 필요하다. 이는 성장과 발전이라는 동전의 양면이며, 여기에 뉴스의 사명이 있다. 양쪽 모두에서 우리를 돕는 것이 아직 뉴스의 의제가 될 수 있다면 말이다.

사고

더비셔에 있는 학교로 딸을 데려다주던 아버지가 운전중 차가 미끄러져 차가운 강물에 빠져 사망했다. 사고가 일어나기 겨우 몇 분 전에는 아들을 학교에 데려다주던 그의 아내 역시 운전중 차가 미끄러져 강물에 빠졌다. 두 자녀와 어머니는 다치지 않고 차에서 빠져나올 수 있었지만, 지역 주민들의 노력에도 불구하고 아버지는 구조되지 못해 병원에서 사망했다. 그는 더비셔 A6도로 북쪽의 비포장도로를 따라 운전하던 중이었으며, 그가 몰던 도요타 아이고 차량이 갑자기 길을 벗어나 와이강에 잠기면서 사고가 벌어졌다.

허핑턴 포스트

1

당연히 이건 끔찍한 이야기다. 사망한 남자는 겨우 마흔두 살이었다. 친구들은 그를 '훌륭하고 사랑받는 아버지이자 남편이며 형제이자 아들'로 기억했다. 우리의 충격을 더하기 위해, 기사는 영하의 강에서 한 가족이 벌였던 사투의 세부적인 내용을 계속해서 알려준다. 전복된 차에 타고 있던 운전자를 꺼내기 위한 주변 사람들의 이런저런 안타까운 시도에 대해 묘사하면서, 늘 가던 (더 안전하고 넓은) 길 대신에 좁고 위험한 비포장도로로 가기로 결정한 부모의 치명적 실수를 폭로한다. 한 인생이 파괴되는 데는 도로 위 약간의 빙판이면 충분했다. 빙판이 없었더라면 그저 또다른 평범한 아침나절이었을지도 모른다. 이 추락 사고는 (네팔에서 비행기가 이륙 직후 폭발해 화염에 휩싸이기 전까지) 1월 어느 날 영국 신문의 헤드라인을 몇 시간쯤 장악했다.

재난 뉴스는 불행한 사건을 다루는 뉴스 중에서도 주목도가 높고 대중적인 또하나의 분야라고 할 수 있다. 또한 특정한 인물에게 비난의 화살을 돌릴 수 없다는 점에서 비극과는 뚜렷이 구분된다. 재앙의 원인은 주요 인물의 심리적 요인이나 마음의 동요에 있지 않다. 변고에 대비할 수 없는 우리 종족의 취약함에, 극도로 연약한 우리의 체질과 자연의 변덕스러움에 그 원인이 있을 뿐이다. 우리는 재난 뉴스를 접하면서 우리가 어디까지나 그저 어디로 튈지 모르는 불꽃이며 끈질긴 병원균이고, 떨어질락 말락 하는 기와이며 종말을 앞둔 강력한 돌풍이라는 점을 떠올리게 된다.

2

또다시, 언뜻 스치는 역설은 이런 것이다. 우리는 왜 이런 사건 사고에 흥미를 느끼는 걸까. 보다 밝은 이야기에서 자연스럽게 자양분을 얻고, 긍정적이고 씩씩한 경험담을 통해 우리 삶을 지속할 용기를 얻을 수 있으리라 추측하는 것이 논리적인 듯 보이는데 말이다.

우리 자신의 삶에 직접 적용이 가능하다면야 좋은 뉴스의 장점이 확실해 보이겠지만, 타인의 삶을 통해 전해 들어서는 그 장점은 완벽하게 수용되지 않는다. 그런데 타인의 고통에 노출되면서 얻게 되는, 듣기에 이상하지만, 거부할 수 없는 장점이 있다.

이는 우리 모두의 내면 어딘가가 거북하리만치 슬프고 낙담한 상태이기 때문일 것이다. 우리는 수없이 많은 어두움을 조용히 품고 있다. 동시에 우리는 야망과 행복, 잘 풀리는 연애, 잘나가는 직업과 노력의 성공에 대한 이미지를 끊임없이 강조하는 사회에 살고 있는데, 이중 대부분은 고통스럽게도 우리 손이 닿을 수 없는 곳에 있다.

재난 뉴스는 성취의 이미지들이 끼치는 피해의 정도를 완화시켜준다. 교통사고, 암, 폭발, 화재는 우리의 실패를 상대화한다. 재난은 그 안에 광범하고 유익한 메시지를 품고 있다. 즉, **인간은 고통받고 있다**는 것이다. 우리의 무의식이 받아들이면서, 우리의 구체적인 슬픔(아마도 사업 제안을 거부당했거나 숙적이 우리 자존심에 모욕을 가한 것 정도의 일일 텐데)을 덜어주는 것이 바로 이런 교훈이다. 우리의 고난과 사고 희생자의 고난 사이에 존재하는 비중의 차이는 확연해 보이지만, 그 차이 또한 (사적으로는) 더없이 유용하다. 타인이 감당해야 하는 고통의 어마어마한 규모가 자신의 문제를 균형 있게 바라보도록 하는 역할을 하는 것이다. 우리는 시샘하고 좌절하느라 깜박 놓쳐버린 우리의 기본적인 특권에 새삼 감사하는 태도를 갖게 된다. 살면서 어떤 실망을 느꼈든지 간에 우리의 친척이 방금 차 사고로 사망하지도 않았고 치명적인 바이러스에 감염되는 일도 피했으며, 우리가 살고 있는 집도 여전히 무너지지 않았으니까 말이다. 불운에 관한 기사에 몰입할수록 우리 자신과 타인에 대해 보다 건설적이고 관대한 태도를 취할 수 있다. 관용적인 태도의 성숙과 희망의 척도는 역설적이게도 극도의 슬픔을 다룬 뉴스를 통해 만들어진다.

3

끔찍한 사고는 동시에 삶에 새롭게 초점을 맞추는 계기를 제공한다. 날마다 우리를 속상하게 하는 것 대부분이 우리 삶에 궁극적인 의미를 부여하는 것과는 별 관계가 없음에도, 이로 인한 스트레스는 사악할 정도로 우리의 기를 쏙 빨아먹는다. 필멸의 운명을 생생히 상기시키는 사건들은 우리의 이런 평범하기 짝이 없는 강박 증세에 의

문을 갖게 한다. 우리가 가진 한정된 시간에 견주어보면 우리가 걱정하는 몇몇 문제들은 실로 과장되었다는 사실이 두드러지고, 우리의 자기도취적이고 경박한 성향 또한 우리가 가진 보다 진지하고 단호한 면에 자리를 양보하게 된다.

사고에 관한 뉴스는, 삶이란 게 이렇게나 취약하고 우리 앞에 몇십 년의 시간이 남아 있다는 게 결코 보장될 수 없다면, 오후 내내 사랑하는 사람과 말다툼을 벌이고 조그만 잘못을 저지른 친구를 용서하지 않으려 하거나 진정한 재능을 뒤로한 채 변변찮은 한직을 택해서는 안 되겠다는 생각을 갖게 함으로써 우리를 겸허하게 만든다. 죽음에 대해 생각하는 동안 우리의 우선순위가 재조정되는 것이다. 또한 죽음을 떠올리면서 일상의 갈등으로 인해 잠적해버리곤 하는, 우리의 보다 가치 있는 면을 삶의 표면으로 끌어올리게 된다. 정말로 두려워해야 할 것이 따로 있다는 사실은 우리에게 겁을 주면서, 우리 존재의 핵심 속에서 우리가 응당 알고 있는 바대로 삶을 이끌어갈 기회를 부여한다.

죽음에 대한 생각이 삶의 의미를 회복시켜준다는 관념은 오랜 역사를 지닌 것이다. 유럽에서는 여러 세기 동안, 권력자의 서재와 침실에 진짜든 그린 것이든 인간의 해골을 장식품으로 놓아두었는데, 이 해골은 시선을 확실히 끌 수 있는 곳에 놓여 있어서 권력자가 라이벌에게 시시한 복수를 꾀하거나 연인을 배반할 궁리를 하는 동안 그의 사고의 흐름을 효과적으로 끊을 수 있었다.

뉴스가 전하는 음산한 이야기들은 이런 해골의 현대판으로 사용될 수 있다. 우리가 추호의 의심도 없이 이런 이야기에서 어떤 교훈을 얻을 수 있도록 '바니타스'•라는 제목 아래 기사가 놓이게 된다면 어떨까. 그러면 그 기사들은 그저 개인적인 고통을 기록하는 데서 멈추는 대신, 우리로 하여금 훨씬 더 중요한 일을 하도록 독려할 것이다. 땅에 떨어지는 나뭇가지가 우리에게 때가 다 되었다고 알려주는 순간까지, 우리의 소중한 시간이 얼마나 남았든 간에 우리의 진짜 재능과 관심을 따라 살아가야 한다는 것을 알려줄 것이다.

4

하지만 한편으로 우리는, 타인의 드라마가 이와 반대로 좋지 않은 효과를 발휘하지 않도록 주의해야 한다. 이런 이야기들은 우리가 무시했던 우선적인 가치들에 초점을 맞추도록 하기보다는 우리를 진실한 관심사로부터 멀어지게 할 위험 또한 품고 있다. 뉴스에 등장하는 재난의 규모, 성격, 근접성으로 인해 재난 뉴스는 우리 의식의 핵심부로 밀고 들어오는 힘을 발휘하는데, 그 이야기들은 우리 의식 속에 끈덕지게 웅크린 채 (뉴스가 때맞춰 업데이트되는 간격인) 매 10분

• Vanitas: 허무, 덧없음, 헛됨 등을 의미하는 라틴어. 17세기 유럽에서는 '바니타스 정물화'라는 양식이 유행했는데, 이 그림들은 해골, 촛불, 모래시계 등을 사용하여 인생의 덧없음을 상징적으로 드러냈다.

필리프 드 샹파뉴, 〈바니타스〉, 1663년경.

떨어지는 나뭇가지에 맞아 즉사한 여성

뉴질랜드 태생의 회계 관리자 에리나 윌슨이 지난 일요일 런던 남서부의 큐에 위치한 왕립식물원에서 강풍에 꺾인 레바논삼나무 가지에 강타당하여 '치명적인 두부 손상'을 입었다. 갑작스런 사고를 당했을 때 그녀는 두 명의 친구와 함께 그 유명 관광지를 거닐던 중이었다. 31세 동갑인 그녀의 친구들은 가지가 떨어지고 있다는 사실을 깨닫기 전에 '쩍 갈라지는' 큰 소리를 들었다고 설명했다. 그들은 재빨리 몸을 피했지만 뒤돌아보니 윌슨이 바닥에 쓰러져 있었다. 구급대원들이 그녀를 살리려 애썼지만 그녀는 현장에서 사망 판정을 받았다. 그녀의 가족은 "참으로 비통하다"고 말했다. 그녀의 동료들은 밝은 미래가 앞에 놓인 '별'이었던 그녀에게 조의를 표했다. 그녀가 근무했던 회사의 인사과장인 게즈 로리는 "우리 동료이자 친구였던 에리나 윌슨의 급작스런 사망에 우리 모두가 어떤 기분을 느꼈는지 말로 표현하기가 힘들다"고 말했다.

〈데일리 텔레그래프〉

마다 새로운 소식을 요구한다. 그럼으로써 우리가 직접 대면해야 할 필요가 있는, 훨씬 조용하지만 더 중요한 자신만의 골칫거리들의 외침을 외면하도록 만든다. 네팔에서 비행기가 막 추락했다는 소식을 들으면, 우리는 반사적으로 항공사고 조사관이나 충격에 빠진 친척 같은 태도로 뉴스에 반응하기 시작한다. 그 사건이 실제로 우리와는 상관이 없으며, 따라서 그날 하루 자신의 내면을 성찰하며 자아의 효과적인 관리를 위해 희미한 불안의 맥박을 해석하려 노력하는 편이 실은 훨씬 타당하다는 걸 기억해내지 못한 채 말이다.

균형잡힌 삶을 위해서는 내면과 외부의 관심사를 절묘하게 혼합할 수 있어야 한다. 우리는 타인이 겪은 사고를 통해 드러나는 일반적인 메시지(우리가 정말로 취약하고 일시적인 존재라는 것)를 자기 것으로 만들어야 한다. 하지만 그들이 겪은 구체적인 경험에 너무 깊이 몰입한 나머지 낯선 이에게 닥친 재앙을 우리 스스로에 대한 책임을 회피하는 변명거리나 수단으로 삼아서는 안 된다. 우리는 뉴스가 늘 우리 앞에 갖다놓고자 애쓰는 슬픔과 고통을 명확히 인식하는 한편, 거기에 고착되지 않도록 해야 한다.

우리는 단순히 감정대로 행동하는 것을 인간다운 것이라 생각하는 데 워낙 익숙해서, 가끔은 무덤덤한 상태를 유지하는 것 또한 인간이 필수적으로 획득해야 하는 능력이라는 통찰을 간과하기 십상이다. 우리의 집중력과 공감 능력에는 한계가 있기 때문에, 우리 자신과 우리가 깊이 의지하는 몇몇에게 진지하면서도 적절한 관심을

네팔에서 비행기가 화염에 휩싸이다

19명의 승객을 태우고 에베레스트 산으로 향하던 비행기가 네팔 수도 외곽에 추락하면서 불길에 휩싸였다. 경찰은 7명의 영국인과 5명의 중국인을 포함한 승객 전원이 사망했다고 밝혔다. 사고 항공기는 새벽에 카트만두를 떠나 루클라 마을을 향하던 시타 항공 소유의 쌍발 프로펠러 비행기로, 이륙 직후 공항 인근의 강둑에 떨어졌다. 목격자들은 승객들의 비명을 들었으며, 또한 비행기가 땅에 충돌하기 직전 한쪽 날개에서 불길이 솟아오르는 걸 보았다고 증언했다. 공항 관제탑에서는 조종사가 이륙 직후 새 한 마리와 부딪혔다는 보고를 했다고 밝혔다. 현장에 맨 처음 도착한 사람들 중 하나였던 26세의 주부 툴라샤 포크하렐은 "사람들이 비행기 안에서 비명을 지르는 걸 들었어요. 하지만 우린 불길을 잡으려고 비행기에 물을 뿌릴 수가 없었어요. 엔진이 폭발할까봐 겁이 났거든요"라고 말했다.

AFP

갖기 위해서는 종종 타인에 대한 공감과 흥미를 의도적으로 제한해야만 한다. 다시 말해, 뉴스가 어떤 주장을 펴든 간에, 그리고 뉴스 속 이야기가 얼마나 급작스럽고 놀랍고 감동적이든 간에, 뉴스가 제기하는 문제가 언제나 우리 자신의 문제는 아니라는 사실을 십분 인정하는 것이 곧 우리가 사이코패스 같은 본성을 지녔음을 의미하는 건 아니라는 얘기다.

자연

지금부터 몇 시간 안에 3개 주에 걸친 지역이 기록적인 폭설로 뒤덮이고 굉장한 강풍에 휩싸일 예정입니다. 미국 기상청은 뉴욕 시 전 지역, 롱아일랜드, 뉴저지 북동부, 코네티컷과 웨스트체스터 카운티 남부에 블리자드 경보를 발령했습니다. 예상 적설량은 20 내지 24인치이며, 뉴욕 시 북부와 동부는 이보다 많을 것으로 전망됩니다. 다수의 지역 식료품점 선반이 텅 비었는데요, 며칠 동안 집안에 갇혀 있게 만들지도 모를 초대형 폭풍에 대비하여 사람들이 생필품을 비축하기 위해 몰려들었기 때문입니다.

CBS 뉴스

1

흐리고 따뜻한 대신 대부분의 지역이 밤새 건조하겠지만 주로 동부에서 가랑비나 이슬비가 내릴 가능성이 조금 있겠습니다.

평소 우리는 날씨에 그다지 신경쓰지 않는다. 날씨는 대체로 늘 일정하게 변화하기 때문에 뉴스 자체로서 큰 의미를 갖지 못한다. 심지어 오랫동안 하늘을 올려다보는 일도 드물다. 우리는 확실히 화가 존 컨스터블의 선례를 따르지는 않는다. 그는 1821년에서 1822년 사이에 매일 몇 시간씩 햄프스테드 히스 공원의 비탈에 앉아 하늘의 변화를 골똘히 연구했다. 그러면서 그는 자신이 직접 '하늘 보기skying'라 일컬은 애정 어린 관찰을 통해, 머리 위를 떠다니는 수증기 가득한 구름의 형태를 수채화물감과 크레용, 유화물감으로 굉장한 놀라움을 선사하는 150개의 정밀한 구름 습작을 남겼다.

하지만 우리의 눈은 하늘 아래에서 펼쳐지는 인간 드라마에 고정되어 있다. 누가 승진했을까, 채권가격은 올라갈까 내려갈까, 예산안의 교착 상태는 과연 해결되었을까. 우리 머리 위 대기중에 존재하는 것은 기상 예보관이 애호하는 아이콘 한두 개로 매일 단순화되는데, 이런 식으로 하늘의 섬세함을 안일하게 상징화하는 것은 뉴스 보도가 존재의 복잡함을 다루는 자세와 제법 비슷하다고 할 수 있다.

2

눈보라가 지금 동북부 지역으로 이동하면서 진로에 있는 20개 주 160만 명 주민들을 위협하고 있습니다.

자연이 거대하고 파괴적인 사건을 일으켜, 즉 토네이도, 홍수, 블리자드, 쓰나미 또는 그 외 국지적인 대참사를 통해, 우리의 산만해진 주의를 자신에게로 강제로 돌릴 때까지 우리는 날씨에 그리 신경을 쓰지 않는다.

이 눈보라의 경우를 보면, 기상 예보관들은 이 괴물을 잘도 추적해낸다. 미국 기상청에 있는 IBM 파워7 슈퍼컴퓨터는 최대 처리 능력이 1페타플롭•에 달하는 기계로, 이 얼음 유령을 자신의 시야에 계속 붙들어둔다. 그러나 무슨 일이 벌어질지 예측하는 기계를 보유하고 있다 하더라도 전문가들이 자연의 무지막지한 움직임을 돌이킬

• petaflop: 컴퓨터의 연산 처리 속도를 나타내는 단위로, 1페타플롭은 1초에 1000조 번의 연산 처리가 가능함을 뜻한다.

존 컨스터블, 〈구름 습작〉, 1821년.

수는 없는 일이다.

주요 공항 일곱 곳이 폐쇄될 것이고 약 8000편의 비행기가 결항되거나 지연될 것이다. 지역 내의 모든 주요 고속도로도 폐쇄될 것이다. 학교는 휴교할 것이고, 송전선은 끊길 것이다.

뉴저지 주지사는 텔레비전에 출연해 눈보라를 '임박한 재난'이라고 했다. 하지만 이것이 다는 아닐 것이다. 이는 자기 편 승리로 끝난 짧은 전쟁이 지닌, 특별하면서도 완전히 싫지만은 않은 특징 또한 지닐 것이다.

3

> 어린아이들을 포함한 코네티컷 주 노스 케이넌 주민들은 이른 아침 정전 사태가 발생하면서 긴급 구조대에 의해 인근 모텔촌으로 옮겨져야 했습니다. 현재 그들은 거기 머물면서 (…)

삶이란 건 어쨌거나 어느 정도는 비상사태이기 마련이지만, 우리가 거기 대처하고자 애쓰고 있다는 사실은 평소에는 필사적으로 감춰지곤 한다. 우리 내부에서는 불안이 들끓지만 겉으로는 웃어야 하고, 잘 지내느냐는 질문에는 낙천적으로 대답해야 한다. 폭풍은 이런 가식에 일시적으로 종언을 고한다. 밖에서 바람이 으르렁대고 있으면 우리는 마음놓고 걱정을 해도 되고, 심지어 더욱 복되게도, 우리의 근심을 좀더 규모 있고 객관적이며 (도로에 모래를 뿌리고 있는 순찰대원들에게는 이런 소리가 이상하게 들릴지 모르겠으나) 상대적으로 **단순한** 문제로 돌리기까지 할 수 있다. 왜냐하면, 조용하고 온화한 나날 속에서 생계를 꾸리고 사랑을 지속하고 멀쩡한 아이들을 키우고 짧은 인생을 낭비해서는 안 된다는 책임을 홀로 져야 하는 도전에 직면하는 것보다는, 구멍을 파고 사람을 구출하고 살려내고 소생시키는 게 본질적으로는 더 수월한 일이기 때문이다.

폭풍은 우리가 다른 사람들과 다시 연결되는 걸 돕기도 한다. 평상시 우리는 그들이 어떤 생각을 품고 있는지 알 수 없지만, 이제는 그 누구와도 연결되고 교감할 수 있는 지점을 갖는다. 대개 뉴스 단신을 통해 형성되는 타인에 대한 우리의 인상은 모두가 살인자 아니면 소아성애자라는 결론에 이르기도 하는데, 폭풍 속에서는 사람들이 그런 식으로 보이는 경우가 거의 없다. 실제로 그들은 덜덜 떠는 개들을 포대기로 감싸고, 오도 가도 못하게 된 사람들에게 수프를 대접하고, 낯선 사람의 SUV 차량을 눈더미 밖으로 밀어내주는 모습을 보여준다. 몇 마일에 걸친 북극 같은 순백색을 배경으로, 다른 동료 인간들이 보여준 그들의 진가에 마음이 푹 놓인다. 공존 가능성에 대한 판단 기준은, 어쩌면 항상 그랬어야 했을 평범한 수준으로 낮아진다. 술에 취한 양, 우리는 누구든 사랑할 수 있을 것 같은 기분에 빠져든다.

4

앨러게니 국유림 부근과 두보이스, 슬리퍼리 록 일대에 엄청난 폭설이 쏟아졌다는 소식이 들어왔습니다.

한 번도 가본 적 없거나 존재하는지조차 의심스러운 먼 시골 동네의 이름에는 시적인 우아함이 있다. 외딴 농가, 급수탑, 페인트칠한 헛간을 묘사한 순박한 그림이 불현듯 마음에 떠오른다. 사람들이 가축과 꽃, 느긋하게 시간을 보내는 법에 대해 훤히 알고 있는 옛 삶의 방식. 이는 지나치게 기술을 과신하는 무지한 도시의 삶을 질책하는 듯하다.

5

당국은 화이트아웃• 상태로 인해 공항을 완전히 폐쇄할 수밖에 없다고 발표했습니다. 방금 전까지는 한 개 활주로로 축소해 항공기 운항이 가능한 상태였습니다만, 공항 정비 직

• whiteout: 눈이 많이 내린 뒤 눈 표면에 가스나 안개가 생기면서 주변의 모든 것이 하얗게 보이는 현상을 일컫는다.

원들은 폭설 때문에 서로를 알아보는 데 어려움을 겪고 있었습니다.

모든 게 엉망이 된다. 보통 때라면 3만 5000피트 상공으로 상승했을 항공기는 지금 두껍게 쌓인 눈 아래서 꼼짝도 못한 채 빽빽이 줄을 지어 한가롭게 서 있다. 조종사 한 명이 삽으로 에어버스 A320을 파내려 애쓰는 모습을 짐짓 보여준다. 보험사 사옥의 전기가 다 나가는 바람에, 이런 일이 없었다면 냉정했을 직원들이 밖으로 나와 눈사람을 만들고 있다. 멋진 호텔의 수도관이 얼어버리자, 투숙객들은 각자의 객실에서 고립된 채 즐겼을 사치를 근처 아이스링크의 반짝반짝 빛나는 유쾌함과 맞바꾸고 있다.

자연은 우리의 분수를 깨닫게 해준다. 다른 사람 때문에 우리가 왜소해지는 느낌을 받는 건 환영할 만한 일이 아니지만, 우리보다 엄청나게 거대한 무언가에 의해 우리의 본질적인 무상함을 알게 되는 건 전혀 모욕적인 일이 아니다. 자기가 받은 온갖 멸시를 인식하느라 기진맥진하고 자신의 장점을 타인의 장점과 가차없이 비교하려 드는 우리의 자아조차도, 그 어떤 인간 존재가 발휘할 수 있는 것보다도 훨씬 더 강력한 힘 앞에서는 결국 보잘것없다는 사실을 깨닫고 안도의 한숨을 내쉴지 모른다.

이전 시대 사람들은 신성한 존재가 가하는 위협을 통해 자기 분수를 깨닫곤 했다. 신들은 우리의 교만을 억누르고 천둥 같은 목소리로 각자의 위치를 벗어날 수 없다는 점을 일깨우곤 했다. 하지만 크게 세속화된 사회에서 이 역할은 자연이, 특히 이른바 '악천후'가 맡게 되고, 뉴스는 그 메시지를 퍼뜨리는 일을 한다. 우리가 (온갖 똑똑한 기계와 기발한 방법에도 불구하고) 여전히 나약하고 가끔은 자연재해에 그저 항복하는 법도 배워야 한다는 사실을 상기시키는 것은 등압선과 한랭전선이다. 우리는 조바심도 내고 투덜거리기도 하지만, 강제적으로 주어진 기상학적 안식일에 굴복하는 것 말고는 달리 선택할 게 없다.

동부 해안 전역에 걸쳐 이동통신 안테나가 넘어지고 전기가 끊어지고 트럭이 옴짝달싹 못한다. 슈퍼마켓이 문을 닫고 센트럴파크에 눈이 내리며 모호크 숲의 소나무에 또 눈이 쌓인다. 이건 재난이고, 재앙이며, 한 세대에 한 번 닥칠 만한 최악의 폭풍이다. 뉴스가 거짓말을 하고 있는 게 아니다. 하지만 이 재난이 지혜를 얻을 수 있는 수업이라는 말을 덧붙여야 할지도 모른다. 끊임없이 경쟁적인 유아론唯我論으로 특징지을 수 있는 말쑥한 현대 기술 사회가 우리 대부분에게 이미 충분한 해악을 끼쳐왔기 때문에, 적어도 한 번쯤 우리는 자연의 황공스러울 만큼 무심한 손길에 조금 거칠게 휘둘려도 크게 괘념치는 말아야 할지도 모르겠다.

JD

JD

건강 정보

녹차와 레드와인은 오랫동안 암에 대항할 수 있는 무기로 홍보돼왔는데, 이번에는 이 둘에 포함된 화합물이 알츠하이머병을 막는 데 도움을 줄 수 있다는 새로운 연구 결과가 발표됐다. 대학 연구진이 밝혀낸 바에 따르면 자연 상태의 화학물질들(녹차에 들어 있는 EGCG와 레드와인에 함유된 레스베라트롤)이 알츠하이머병 진행 경로상의 핵심 단계를 방해할 수 있다고 한다. 연구자들은 EGCG와 레스베라트롤의 순수 추출물을 사용해 해로운 단백질 덩어리가 뇌세포에 달라붙는 과정을 중단시킬 수 있었다.

CTV 뉴스

1

뉴스는 각양각색의 사람들이 최후를 맞이하게 된 섬뜩한 연유를 우리에게 브리핑하느라 많은 에너지를 쏟기도 하지만, '건강'이라 이름 붙은 영역에서는 무척 다른 임무를 수행한다. 이때 뉴스는 장수라는 과업을 달성하는 데, 혹은 비록 대놓고 밝히지는 않지만 가능하면 영생이라는 과업을 달성하는 데 있어 우리를 보조하고자 정보를 수집한다. 뉴스는 변함없이 존재를 재발명하고자 꾀하는 과학자들을 소개한다. 과학자들은 우리 혈관을 따라 여행할 초소형 로봇을 개발하고, 우리 기분을 조절할 약물을 합성하고, 유전자 지도를 작성하고, 장기와 팔다리를 복제하느라 분주하다. 또한 매일 먹는 음식과 의약품, 특히 와인과 올리브유, 아스피린에 들어 있는 생사를 관장하는 특성들을 재평가하느라 바쁘다.

2

(뉴스의 승리와 함께 탄생한 시대인) 현대를 살아가는 것은 과학기술의 발전 덕에 변화와 개선이 계속해서 쉼 없이 이루어진다는 사실을 끊임없이 떠올려야 하는 것이기도 하다. 우선적으로 이것이 우리가 뉴스를 계속해서 살펴야 하는 이유의 일부다. 우리는 현실을 근본적으로 바꿀 특별한 발명에 대한 정보를 언제나 들을 수 있게 된 건지도 모른다. 시간은, 위태롭고 감질나지만 빠르게 저 위를 향해

궤적을 그리는 화살이다.

이와 대조적으로, 전근대사회에서 사람들은 시간을 바퀴라고 생각했다. 삶은 끊임없이 반복됐다. 가장 중요한 진실들은 되풀이해 발생했다. 그 주기는 피할 수도 부숴버릴 수도 없었다. 정기적으로 뉴스를 접하는 것이 기술적으로 가능했었지만, 심리적으로 그럴 필요를 느끼지 못했다. 시간을 화살보다는 바퀴로 간주하는 사회는 15분마다 기사를 검색해야 한다는 압박을 느끼지 않는다.

3

우리는 미래에 대해 더 조바심을 내고, 더 낙관적으로 바라본다. 딱히 언급하지는 않지만 건강 뉴스의 저변에 깔린 미래에 대한 전망은, 언젠가는 과학이 죽음을 포함한 모든 것에 대한 치료법을 발견하리라는 것이다.

이 무언의 주장이 딱 잘라 거짓이라면 일이 훨씬 단순하리라. 현실은 보다 복잡하다. 우리는 언젠가, 아마 780년 안에는, 노화와 질병의 신비를 깰 것이다. 하지만 780년이란 시간은 여러분에게나 나에게나 너무 늦다. 우리 삶의 근간은 우리 조상들이 알던 것과 똑같은 주기를 고수할 운명이다.

공포스러운 것에 대해 뉴스가 갖는 일반적인 관심에도 불구하고, 뉴스는 '건강' 관련 문제를 보도할 때는 충분히 음침하거나 어둡기를 거부한다. 뉴스는 레드와인, 유전자 치료, 호두 섭취의 이점에 대한 최신의 연구들을 미신적인 경배심을 품고 계속해서 다룬다. 이는 독실한 가톨릭 순례자로 하여금, 신의 지속적인 보호를 확보하려는 희망으로 막달라 마리아의 정강이뼈를 만지도록 고무한 것과 딱히 다르지 않다. 뉴스는 모든 게 쇠퇴하기 마련이라는 절대적인 불가피성을 정직하게 직시하기보다는, 그레이프프루트 주스가 건강에 좋은 이유나 장거리 비행시 꽉 조이는 면양말을 신으면 좋은 이유 같은 새로 발견된 건강 정보를 팔아먹는 걸 더 좋아한다.

살인이나 폭발 사건은 열심히 취재하면서도, 뉴스는 평범한 죽음과 관련해서는 쓸데없이 비위가 약한 척 행동한다. 죽음을 절정의 구경거리로 바꿔놓는 뉴스의 성향은 우리가 죽음을 일상의 현실로 받아들이는 걸 단념시킨다. 뉴스는 폭격을 당한 지역부터 연기가 풀풀 나는 비행기 추락 현장까지 우리를 재빠르게 데리고 다닌다. 우리는 팔순 노인의 심장이 멈췄다든지 하는 일상적인 사건은 좀처럼 접할 수 없다.

뉴스가 종교를 우리 의식에서 몰아내기 전, 종교는 죽음에 대한 준비를 공동의 임무 중에서도 가장 중요한 것으로 여겼다. 우리가 한때 예배소에 지니고 갔던 욕구와 두려움은 세속적인 시대에도 사라지지 않았다. 우리는 필멸의 운명으로 인해 생기는 불안과 안식에 대한 희구로 계속해서 번뇌한다. 하지만 이런 감정은 공적인 영역에서는 거의 받아들여지지 못하고, 대신 새벽 한두시에 우리를 찾아와 괴롭히는 것으로 남겨져 있다. 반면 뉴스는 하루 중 보다 실용적이고 활동적인 시간대에, 블루베리와 매일 찻숟갈 하나 분량의 호두 기름에 항암 효과가 있다는 사실이 새로 발견되었다며 광적인 열정으로 계속해서 우리의 주의를 끈다.

VII.

소비자 정보 뉴스

맛집, 여행, 과학기술…

크로스티니•에 올린 다진 간에서는 겨울 느낌의 스모크 향이 났다. 그리들 위에서 군데군데 살짝 그을리고 그 위에 마늘 양념한 야생 버섯 슬라이스를 켜켜이 올려 포갠 얇은 플랫브레드••에서 나는 향 같았다. 최고는 오징어, 안초비, 참새우 반죽으로 만든 프리토 미스토•••였다. (…) 이 레스토랑 셰프가 인근 레스토랑 보카 디 루포에서 요리를 했었으니, 푹 삶은 양배추와 겨자를 곁들인, 고기 입자가 굵어 씹는 맛이 좋은 코테키노 소시지가 특히 뛰어난 건 당연하다.

『옵서버』

• crostini: 이탈리아어로 '작은 토스트'라는 뜻이다. 구운 빵 위에 채소, 치즈, 육류 등을 얹거나 올리브유 등을 발라 먹는다.

•• flatbread: 중동 지역에서 먹는 얇고 납작한 빵.

••• fritto misto: 새우, 작은 물고기, 오징어 따위를 잘게 썰어 밀가루 반죽을 입히고 기름에 튀긴 뒤 토마토 소스를 친 요리.

1

뉴스는 '소비사회'의 작동과 긴밀한 관계를 맺고 있다. 날마다 산출되는 뉴스의 결코 적지 않은 부분을 맛집, 여행, 첨단기술, 패션, 자동차, 가구 등의 상품과 서비스에 대한 정보들이 차지하고 있다. 이때 뉴스는, 우리가 실수를 모면하고, 보다 현명하고 알찬 구매를 할 수 있도록 거들면서 자신이 도움이 되길 바란다.

일각에서는 소비 욕망에 대해 커다란 반감을 가지고 있다. 생존에 정말 필요한 것과는 거리가 먼 물건을 소유하려는 현대인의 욕구는 흔히 얄팍하고 지구에 파괴적인 결과를 초래하며, 헛되고, 탐욕스럽고, 이 모든 비난들을 뭉뚱그려 한마디로 **물질주의적**이라고 묘사되곤 한다.

하지만 우리 사회의 자원 중 얼마나 많은 부분이 필수적이지 않은 상품의 생산과 판매에 투입되고 있는지를 고려해본다면, 우리의 소비 행위가 지속되도록, 그리고 가능한 한 확실하게 계속되도록 노력하는 건 결코 하찮은 과업이 아닐 것이다. 뉴스는 우리가 돈을 제대로 쓰는 데 도움을 주기 위해 진지한 업무를 수행하는 것이다.

2

스스로에게 부과한 업무를 수행하는 과정에서, 뉴스는 다음 세 가지 사항을 조사하고 보도하는 경향을 보인다. 첫째, 시장에서 구할 수 있는 상품은 무엇인가. 둘째, 값은 얼마인가. 셋째, 쓸 만한 물건인가 아닌가.

이 목적을 이루고자, 뉴스는 레스토랑으로 기자를 보내 배와 고르곤졸라 치즈와 치커리가 들어간 샐러드를 맛보게 하고, 호텔로 보내 모든 서비스가 포함된 주말 스파 상품을 평가하도록 하며, 생활가전 박람회로 보내 새로 나온 스마트폰의 브라우저와 카메라 성능을 면밀히 검토하도록 한다.

이는 분명 중요한 문제지만, 소비자 정보 뉴스를 그런 실용적인 조사에만 한정시키는 건 우리가 특정 제품을 사고 싶어하는 마음을 품게 된 애초 동기의 핵심적인 특징을 간과하는 것이다. 흔히 뉴스에서 조사한 구매 유형들은 필요에 따른 구입을 훨씬 넘어선다. 물건을 손에 넣을 때 우리가 추구하는 것이 그저 물질적 만족일 뿐인 경우는 거의 없으며, 이는 주된 동기도 아니다. 우리는 종종 모종의 심리적 변화를 얻고자 하는 더 깊고 무의식적인 욕망에 인도되기도 한다. 우리는 그저 물건을 **소유**하고 싶은 게 아니다. 그 물건을 소유함으로써 **변화**하길 바라는 것이다. 일단 우리가 충분한 관심과 관대함을 가지고 소비 행위를 살펴볼 경우, 우리가 결코 못 말릴 정도로 물질주의적인 인간은 아니라는 사실이 분명해진다. 우리 시대를 다른 시대와 뚜렷이 구분되도록 만드는 것은, 바로 물질적 상품의 획득을 통해 각종 복잡한 심리적 목표를 성취하고자 노력하는 우리의 야망이다.

평가받고 있는 도미 요리.

3

> 몇몇 요리는 수수한 나무 탁자 위에 체크무늬 냅킨, 자잘하게 긁힌 자국이 나 있는 묵직한 나이프와 포크와 함께 제공된, 간단히 석쇠에 구워낸 도미 요리만큼이나 만족스럽고 단순소박하다. 살짝 뿌린 천일염 말고는 아무것도 가미하지 않은 생선살은 굳기가 딱 맞았으며, 잘게 다진 파슬리와 레몬즙을 살짝 뿌린 (…)

시내 중심가에 새로 개업한 레스토랑으로 먼 걸음을 하고픈 표면적인 이유는 우리가 뭔가 간단히 한입 먹고 싶어서다. 하지만 우리 욕망의 실질적이고, 어쩌면 심지어 결정적일 수도 있는 부분은 보다 덜 밋밋하고 보다 미묘한 심리적 근거를 갖고 있다. 그건 바로 우리가 레스토랑 자체의 가치를 흡수하고 싶어한다는 것이다. 우리는 (좀 모호한 느낌이지만) **그 레스토랑처럼 되고 싶어**한다. '편안하고' '품위 있고' '유쾌하고' '단순함에 만족하고' '자연과 접촉하고' '타인과 맘 편히 함께할 수 있는' 레스토랑처럼 말이다. 이는 요리, 서비스, 실내장식에서 우리가 반쯤 의식적으로 탐지해내는 추상적인 미덕으로, 우리는 다진 파슬리를 곁들인 도미와, 추가 주문한 렌즈콩과 바질 오일을 곁들인 부라타 치즈를 섭취함으로써 얼떨결에 이런 미덕을 우리 안에서 북돋고자 한다.

82개 객실이 각각 만灣의 새파란 바다로 탁 트여 있다. 호텔 앞에는 널찍하고 조용한 풀장이 있는데, 아침 일찍 정원사가 물 위에 꽃잎을 뿌린다. 공기는 온화하고 산들바람은 더할 나위 없이 부드러우며 (…)

이와 마찬가지로, 우리는 조용하고 평온한 호텔에 그저 며칠 묵고 싶어 찾아가는 게 아니다. 그보다는 '조용하고 평온한' 사람이 되고 싶다는 더 큰 포부를 거들어줄 물리적 환경을 찾아 나서는 것이다. 외국에 나가는 것도 그저 색다른 경치를 보려는 것이 아니라 외부의 풍경이 내면의 풍경을 재조정하는 데 도움이 되리라는 희망을 품고 나가는 것이다.

이 스마트폰은 아찔한 속도로 데이터를 전송하고, 선명한 사진을 찍을 수 있으며, 음성 명령을 이해하고, 거대한 용량의 메모리에 여러분의 서재 전체를 담아둘 수 있을 것입니다.

비슷한 논리로, 우리는 그저 실용적인 이유로 스마트폰을 원하는 게 아니다. 우리는 그 제품의 특징을 취하고 싶어한다. 조금이나마 더 '합리적이고' '우아하고' '유능하고' '정확해지고' 싶은 것이다.

4

소비라는 것이 애초에 생각한 것보다 훨씬 복잡한 (그리고 흥미로운) 과정이라는 사실을 염두에 둔다면, 소비자 정보 뉴스는 대중의 욕구에 대한 근본적인 가정을 다시금 검토해보아야 한다.

우리는 현재 우리가 구입하는 것을 아래와 같은 분류로 안내받는데 익숙하다.

맛집

여행

과학기술

패션

하지만 우리의 욕구에 대해 더 적절하고 알찬 평가를 내리게 된다면 소비자 정보 뉴스는 좀 색다른 분류로 소개될 것이다.

유쾌함

안정

회복력

합리성

레스토랑, 해외여행, 가전제품이 욕망을 불러일으킬 수는 있다. 하지만 이런 것들이 소비의 궁극적인 목표라 주장하면 헛다리를 짚는 것이다. 이는 소비자 저널리즘이 마땅히 초점을 맞춰 탐사해야 하는 보다 큰 심리적 목적에 딸린 부차적인 것들에 불과하다.

5

미래의 이상적인 소비자 정보 뉴스는 물질의 왕국에 반대하지 않을 것이다. 몇몇 사색적인 사람들은 어떤 종류의 물질주의건 품위 있는 삶에서는 아무 역할도 맡아서는 안 된다고 주장했지만, 진실은 더 복잡하다. 물질적 오브제들은 미래의 심리 상태에 대한 약속이자 유인책이다. 이 오브제들은 우리가 이르고자 하는 지점에 대한 이상적인 이미지를 제공한다. 조그만 이탈리아제 도심형 승용차는 매력적인 도도함과 쾌활함을 말해주고, 타이타늄으로 만든 탁상 스탠드는 의미 가득한 본질로 돌아가려는 바쁜 삶을 암시하며, 휴일 산악 하이킹은 망설임과 연약함의 종언과 더불어 새로우면서도 더욱 탄력적인 자아의 탄생을 약속한다.

이러한 물건들을 구입하는 것 자체만으로 물건들이 상징하는 내적 상태를 보다 확고히 붙들 수 있는 건 아니다. 하지만 이 물건들은 구매의 최종 목적에 대한 감동적인 심상을 제공할 수 있고, 그로써 거기에 닿고자 하는 우리의 노력에 기운을 불어넣을 수 있다. 그게 잘되든 그렇지 않든 소비문화를 전적으로 돈 낭비라고 비난하는 것이 답은 **아니다**.

종교는 언제나 이 이원론을 이해했다. 종교는 영적인 방식으로 신도들에게 영향을 미치고자 노력하는 한편, 신도의 기질이 형성되는 과정에서 특정한 음식, 의복, 여행, 실내장식 용품 등이 담당하는 역할을 더불어 높이 평가했다. 예를 들어 선불교는 신자들에게 읽고 염불만 할 것이 아니라 집에 청자를 들여놓으라고도 권유했고, 도자기를 바라보면서 '단순함'과 '무아'에 대한 깨달음을 얻으라고 가르쳤다. 이런 구입 권유에는 아름다운 항아리 하나만으로 사람의 인격을 변화시킬 수 있다는 현대 서양식의 생각이 담겨 있는 게 아니다. 하지만 동시에 선불교는 현명하게도 올바른 방식으로 접근한 올바른 종류의 항아리가 내면의 진화에 가치 있는 기여를 할 수 있다는 점을 인정한다.

이와 마찬가지로, 우리는 세속의 영역에서 상품이 때로 우리에게 값진 격려를 제공해줄 수 있다는 사실을 인정할 수 있다. 예를 들어 새로 산 코트가 보다 확신에 찬 자신의 모습을 살짝 보여준다거나 소박한 식기 세트가 우리로 하여금 보다 차분하게 행동할 수 있게 자극을 준다는 점을 말이다. 하지만 또한 우리는 자기가 희망했던 변신이 그저 상품 구입 행위만으로는 이뤄지지 않으리라는 사실을 염두에 두어야 한다. 우리는 물건 주위를 감도는 매력적인 기운에 대해 다면적으로 그리고 예민하게 검토하면서 그것을 습득해야 한다.

이상적인 소비자 정보 뉴스는, '자신감'이나 '고요함'과 같은 범주를 통해 관념적인 동시에 물질적인 일련의 선택지를 보여주게 될 것이다. 우리는 앞으로도 (특정한 음악작품을 듣고, 역사의 한 시기를 다룬 책을 읽고, 어떤 철학 학파를 공부하거나 정신을 수련하는 등의 행위를 통해) 우리가 바라던 목적지에 데려다줄 심리적 접근법에 대해 배우게 되겠지만, 또한 우리가 추구하는 세계관에 공명하는 수많은 상품을 구매할 수 있게 될 것이다. 특별한 재킷, 혹은 해외여행이나 편안한 안락의자 같은 것들 말이다.

6

소비를 내면의 진지한 욕구와 분리시킨 바람에, 구매 행위는 우리의 마음을 채워줄 수 없게 되었다. 소비자 정보 뉴스는 이 분열이 발생하는 데 기여한 것만큼이나 그것을 시정하는 데 도움을 줄 수 있다. 우리가 어떤 목적으로 무엇을 사야 하는지에 대한 개념을 주로 만들어주는 것이 미디어이기 때문이다. 미디어가 구매시 선택 사항을 보여줄 때 사용하는 범주, 언어, 위치 선정, 신호는 우리가 무엇을 소유하고 무엇을 해야 하는지에 영향을 미치는 특별한 힘을 지니고 있다. 소비자 정보 뉴스가 정보 분류 범주 같은 아주 사소한 것부터 바꾸고, 불완전한 욕망보다 진정한 욕구에 중점을 둔다면, 우리는 소비재, 즉 제조하고 구매 비용을 지불하느라 우리 자신과 우리 행성을 소진시키는 상품들에 의해 만들어진 근원적인 열망을 올바르게 다스릴 수 있을 것이다. 그럼으로써 우리는 소비자 정보 뉴스가 언제나 우리에게 요구해온 것처럼 바람직한 소비자, 즉 행복한 쇼핑객으로 탈바꿈할 기회를 얻게 될 것이다.

문화

다가오는 봄과 함께 최고의 쇼, 공연, 책, 행사 들이 찾아옵니다. 비평가와 작가들이 건축, 문학, 영화, 미술, 무용, 연극, 재즈, 클래식, 팝과 컨트리 음악으로 꽉 찬 이번 시즌 하이라이트로 여러분을 안내합니다.

〈LA 타임스〉

1

우리는 전례없이 문화적으로 풍요로운 시대에 살고 있다. 인류는 매년 3만 편의 영화와 200만 권의 책, 10만 장의 음반을 생산해내며, 9500만 명이 박물관이나 미술관을 찾는다.

시간이 한정되어 있다는 사실을 감안한다면, 다른 분야와 마찬가지로 이 문화의 왕국에서도 언론사는 우리가 어떤 것에 관심을 가져야 하는지 그 판단력을 형성하는 데 핵심적이고 특권적인 역할을 담당한다. 우리를 우리 시대 최고의 예술작품으로 향하게 하기 위해 창조성의 급류를 꼼꼼히 살펴 추려내는 것이 문화 저널리즘의 임무다. 문화 저널리즘은 그야말로 예술과 향유자 사이의 만족스러운 혼인을 성사시키는 사명을 띠고 있다.

2

예술작품을 평가하고 추천하는 직업은 멀리서 보면 수월한 듯 보이지만, 어느 정도 야심과 일관성을 가지고 이 일을 수행하려면 언론은 다음과 같은 거창하면서도 다루기 힘들기로 악명 높은 질문을 스스로에게 던져야 한다. '예술은 진정 무엇을 위한 것인가?'

현대 세계는 예술이 삶의 의미와도 흡사한 몹시 중요한 것이라는 데 만장일치로 동의하는 듯하다. 이 고상한 존경심이라는 덫에 걸려든 것에는, 예술작품 제작에 바쳐진 국가와 개인의 상당한 부, 예술이라는 이름으로 바쳐진 수많은 개인의 희생, 그리고 공적인 삶과 사적인 삶 모두에서의 예술에 대한 엄청난 관심 등이 포함된다.

이런 존경에도 불구하고, 예술의 특별한 지위 뒤에 있는 예술의 존재 이유들은 명확하게 설명되기보다는 추정되는 경향을 보인다. 예술의 가치는 상식의 문제라고 간주된다. 왜 귀찮게 책을 읽고 음악을 듣고 미술작품을 찬양해야 하는지 묻는다면, 주제넘은 소리를 하는 것처럼 보이거나 혹은 온갖 똑똑한 사람들이 오래전에 만족스런 답을 확실히 내놓은 질문에 현학적으로 몰두하는 것처럼 보일 위험이 있다.

하지만 예술의 목적에 대한 합리적인 (더 나아가 분명하게 표현된) 논지가 부재한 상황에서 최신 영화를 '반드시 봐야 하는' 작품으로, 새로 나온 책을 '걸작'이라고 묘사하는 게 가능할 리가 없다.

3

가능한 이론 중 하나는 이렇다. 예술(여기서는 문학, 음악, 영화, 연극과 시각예술을 포함한다)은 치유의 힘을 가진 매체로, 관객들을 인도하고 독려하고 위로하며 더 나은 자기로 진화하도록 거든다는 것이다.

예술은 만약 그것이 없었더라면 우리가 처리하는 데 무척이나 애를 먹었을 수많은 심리적 취약점들을 다루는 데 도움이 되는 도구다. 스스로를 이해하지 못하고, 자신의 실수를 지혜롭게 웃어넘기지 못하고, 타인에게 깊이 공감하지 못하거나 타인을 용서하지 못하고, 괴롭힘을 당한다는 직접적인 느낌이 들지 않는 한 고통의 불가피성을 받아들이지 못하고, 희망을 품은 채 꾹 참고 견뎌낼 뚝심도 없으며, 일상의 아름다움에 감사할 줄 모르고, 죽음을 적절히 예비할 수도 없는 우리의 무력함을 돌아보게 하는 것이다.

이런 결함들을 비롯한 다른 많은 것과 관련해, 예술은 치유하는 힘을 발휘한다. 예를 들면 예술은 우리가 오랫동안 느끼고 있었지만 결코 이해하지 못했던 감정을 짚어내는 시집, 우리를 독선적인 울분으로부터 흔들어 떼어놓는 코미디, 희망의 사운드트랙이 되는 음반, 공포를 비극으로 바꾸는 연극, 사랑의 난관을 돌파하는 설득력 있는 방법을 추적하는 영화, 또는 노화와 질병을 보다 품위 있게 수용하도록 하는 그림을 제공한다.

4

이런 예술의 분명한 치유 기능은 결과적으로 문화 저널리즘의 목적을 시사한다. 문화 저널리즘은 외롭고 혼란스럽고 겁먹고 고통받는 우리 영혼을 이끌어, 우리가 난관을 잘 극복하고 나아가 한층 성장하는 데 가장 도움이 되는 문화작품으로 안내해야 하는 것이다.

문화 저널리즘은 현재 유통되는 수많은 작품들 중에서 대중의 내면적 고뇌를 제일 잘 보살필 수 있을 작품을 골라내는, 일종의 약사 역할을 해야 한다. 예술작품의 저장고를 마치 거대한 약국 다루듯 해야 하는 셈이다.

작품 비평의 맨 끝에서 우리는 약 포장지에 붙은 라벨에 견줄 만한 개별적인 태그들을 발견할 수 있을 텐데, 이는 해당 작품이 어떤 상황에 **적합**한지, 어째서 그런지 명시하게 될 것이다. 비평가는 자신의 분석을 예상 관객의 내적인 삶과 연관시키는 쪽으로 방향을 잡는 게 중요하다는 사실을 깨닫고는 자신의 평가를 심리 처방의 형태로 전달할 것이다.

문화 저널리즘을 치유라는 차원에서 접근하게 되면, 어려움에 처했을 때 예술로 위안을 받는 경우가 늘어날 것이다. 감정적 외상의 극복을 도와주는 적절한 소설, 평온함을 회복시켜주는 적절한 그림, 부정적이거나 경솔한 감정에서 벗어나게 해주는 적절한 영화를 접하는 기회가 증가하는 것이다. 그리고 (수많은 예술작품이 존재함에도 불구하고) 우리가 읽고 듣고 보는 것에서 특별한 감흥을 전혀 느끼지 못하는, 여전히 현저하게 높은 수치를 유지하고 있는 이런 경우들이 그에 상응하여 줄어들 것이다.

보다 야심찬 문화 저널리즘의 지원을 받는다면, 우리는 중요한 순간에 조금 덜 심술궂고 덜 불행할 수 있는 새로운 능력을 얻게 될지도 모른다.

5

표면상 우리는 문화에 접근할 기회가 흔한 시대에 살고 있다. 그런데도 우리에게 필요한 예술작품을 찾는 데 어려움을 겪어야 한다는 사실은 기이하면서도 가슴 아픈 일이다. 우리는 수많은 책과 영화, 사진을 거의 즉시, 때로 저렴한 가격으로 이용할 수 있도록 만든 기술적 발명에 자부심을 갖고 있다. 하지만 아찔할 정도로 넓은 범위의 작품들에 접근할 수 있다는 것과 그중 어떤 것이 우리에게 알맞은 작품인지 안다는 것은 무척 다른 문제라는 사실이 드러난다. 우리는 지금까지 예술을 접하기 쉬운 것으로 만들기 위해 할 수 있는 모든 일을 했다. 하지만 사람들에게 중요하게 다가설 가능성을 최고로 높이려면 작품들을 어떤 식으로 사람들과 연결해야 하는지는 여전히 어렴풋하게만 안다.

저널리즘은 이런 분리 상태에 얼마간 책임이 있다. 저널리즘이야말로 문화라는 흐름의 맨 앞에 앉아 있기 때문이다. 다른 분야에서와 마찬가지로, 여기서도 저널리즘이 우리에게 제공하는 정보는 혼란스러우리만치 뒤죽박죽이다. 이는 저널리스트가 잘 숙고된 심리적 의제에 따라서가 아니라 출판, 영화, 미술관 산업의 홍보 계획에 따라 보도의 우선순위를 정하는 성향을 갖고 있어서다. 결국 비평 지면은 베스트셀러 순위나 영화 관객수 차트에 지배당하고, 다음에 무엇을 읽고 볼지 결정하는 데 오로지 대중성만이 가장 생산적인 기준인 양 돼버린다.

게다가 문화 저널리즘의 상당수는 비평가들이 수준 이하라고 간주하는 예술작품을 공격하는 데만 쓸데없이 열심이다. 이런 공격은 관중을 모으는 흥미로운 오락거리일 수는 있어도, 시간도 부족하고 고민도 많은 대중에게 진정 이로운 작품을 연결해주는 데 노력해야 한다는 더 유용한 임무와는 거의 관련이 없다. 오로지 사람들에게 어떤 작품을 완전히 무시해야 한다고 (종종 상당히 활기차게) 주장하고 싶어서 지금껏 있는지도 몰랐던 예술작품을 대중에게 알려주는 것은, 문화 저널리즘이 결코 자신의 노고를 현명하게 사용하는 것으로는 보이지 않는다.

어쨌거나 어떤 작품에 정당한 가치가 있는데도 공감하기 힘들다면, 우리는 그 작품을 **우리**에게 딱 맞는 시기에 만나지 못한 것이다. 우리는 작품의 객관적 가치를 인지하면서 '위대한' 책, 영화, 전시를 마주함에도, 그 작품에 대해 냉담하고 지루해하며 죄책감마저 느끼기도 한다. 그건 비평가들이 훌륭한 약사처럼 처신하지 못해, 그 작품이 어떤 상황에서 적합한 교정물이 될 수 있는지 충분히 혹은 섬세하게 명시하지 않았기 때문이다. 어떤 예술작품이 지닐 수 있는 가치의 상당 부분, 심지어 결정적인 부분이 관객이 처한 심리적 상황에 따라 달리 받아들여진다는 건 불편한 진실이긴 하다. 예술은 그것이 담고 있는 내용과 우리 내면의 욕구가 맞아떨어지는 소중한 순간에만 진정 생생하게 다가올 수 있는데, 문화 저널리즘은 바로 이런 순간들을 알아내고 알릴 수 있도록 지성을 갖춰야 하고, 그러면서 인류가 가진 가장 강력한 치유제를 조제하는 약사의 역할을 맡을 수 있어야 한다.

VIII.
결론

맞춤 뉴스 만들기

구글 뉴스의 많은 요소를 직접 관리할 수 있습니다. 구글 뉴스 홈페이지 오른쪽 상단에 있는 톱니바퀴 아이콘을 클릭하면 구글 뉴스 맞춤 설정 상자가 나타납니다. 슬라이더를 플러스 기호(+) 또는 마이너스 기호(-) 방향으로 움직여 지정된 섹션에 나타나는 뉴스의 양을 조절할 수 있습니다.

구글 뉴스

1

(30쪽짜리 신문이나 30분짜리 방송을 통해) 우리에게 주어진 모든 뉴스를 소비하던 시절이 있었다. 뉴스를 공급할 책임을 진 매체들이 가용한 모든 수단을 동원해 세상에서 가장 중요한 사건들을 대체로 정확하게 보도하고 있다고 믿던 때가 있었다. 기술이 발전하면서 우리는 그렇지 않을 수도 있다는 걸 배웠다. 이제 우리는 뉴스의 공급량이 거의 무한하다는 사실을 자각하고 있다. 날마다 엑사바이트exabyte 급의 이미지들과 기사들이 쏟아져나온다는 사실과, 신문과 뉴스 방송이란 실은 압박에 시달리는 기자가 '평균적인 독자'라고 추정되는 사람들이 가진 욕망을 추측하면서 무한한 데이터의 바다에서 날마다 임의로 뽑아낸 한줌의 정보에 불과하다는 사실을 알게 된 것이다.

필연적으로, 뉴스가 늘 올바를 수는 없다. 뉴스는 서아프리카의 전쟁이나 이해 자체가 불가능한 채무 탕감 계획에 대해 너무 길게 늘어놓기도 한다. 우리 의사와 무관하게 상류사회의 결혼식이나 카리브 해의 허리케인에 대한 최신 정보를 알려주기도 한다. 그러면 마치 주문한 적이 없는 요리를 강제로 먹고 있는 기분이 든다.

하지만 꼭 이런 식으로만 일이 흘러가야 하는 건 아니다. 기술은 우리가 자기 취향을 입력하기만 하면 컴퓨터가 그날 제공된 뉴스를 샅샅이 살핀 후 우리 개성에 딱 맞게 재단된 단신들을 보여주도록 하는 힘을 우리에게 부여하겠다고 약속한다. 수시로 잘못된 판단을 하는 편집자들이 뉴스 공급을 쥐락펴락하도록 내버려두는 일은 더는 없을 것이다. 우리는 개인주의적 유토피아를 건설하게 되리라. 대중의 수만큼 다양한 뉴스 채널이 있는 세계 말이다.

2

하지만 객관적인 기사 편집 방침을 포기한다는 기획에는 우려스러운 측면이 있다. 왜냐하면 이 기획은 우리가 어떤 뉴스를 접하길 바라는지 잘 알 만큼 정말 스스로 의식적인 준비를 갖추었는지 자문하게 만들기 때문이다.

현대 민주주의 사회에서 괜찮은 어른으로서의 삶, 다시 말해 늘 양심적이면서도 자의식을 잃지 않고 안전한 삶, 공적 책임과 사적 책임을 균형 있게 이행하는 삶을 살기 위해서는 이를 보조하는 모든 지식을 충분히 이해해야 한다. 하지만 이런 지식 중 어떤 것들은 첫눈에 잘 들어오지 않을 수 있다. 우리가 스스로 뉴스를 편성하는 책임을 지게 되면 우리의 발전에 무척 중요한 정보를 내쳐버릴 위험성이 있다. '맞춤 뉴스'는 풍부하고 복합적인 개성을 도야하는 걸 돕기는커녕 우리의 병적인 측면만 강화하거나 우리를 평범함이라는 형벌에 처하도록 하는 결과를 빚을 수 있다.

마리 앙투아네트 같은, 그러니까 괴로운 정치 뉴스 같은 것에는 비위가 약하고 패션과 연예 뉴스에만 채널을 고정하는 성향을 가진 사람에게 맞춤 뉴스가 어떤 효과를 발휘했을지 상상해보라. 왕비의 신민 5000명이 렌•에서 굶주리고 있다는 소식은, 폴리냐크 공작부인이 주최한 파티에 참석한 손님들이 자랑스레 차려입은 드레스에 대한 완벽한 보고에 밀려나 희생되었을 것이다. 이런 식으로 우선순위를 정하는 게 문제였다는 점이 비로소 드러난 건 1793년 10월, 왕비가 단두대 계단을 밟을 자신의 운명을 기다리던 때가 아니었을까.

아니면 질투하고 싶지 않다는 강한 욕망 때문에 성공한 사람들에 관한 뉴스 공급을 최신 기술의 힘으로 모두 차단한 남자의 모습을 그려봐도 좋겠다. 자신이 '멍청한 기사들'이라 일컫는 그 뉴스들로부터 해방되어 기쁘겠지만, 그는 자신의 발전과 미래의 향방에 관한, 불편하긴 해도 결정적인 도움이 되는 실마리를 놓치게 된 것일지도 모른다.

또는 협소한 시야를 가진 건 매한가지지만 관심 분야는 좀 달라서 저개발 국가의 비극에 대해서만 듣고 싶어하는 사람도 있을 것이다. 하지만 기아와 학살에 대한 이런 특별한 관심이, 실은 더 잘살지만 대하기는 더 부담스러운 이웃에 관심을 표하지 않으려는, 고상하지만 감정적으로 안이한 변명으로 활용되는 것이라면?

맞춤 뉴스 만들기는 이용자들이 자신에게 필요한 뉴스에 대해 고도로 성숙하고 복합적인 감각을 갖추고 있을 때, 실은 오로지 그럴 경우에만 현재의 뉴스 편집 시스템보다 나은 결과를 가져온다. 하지

• Rennes: 프랑스 서북부에 위치한 도시.

만 이는 가까운 곳에 놓인 조정 장치를 사용해 뉴스 편성을 조정하기 이전에 자신의 영혼을 세세하게 꿰뚫고 있어야 한다고 이용자들에게 요구하는 셈이다. 뉴스 이용자는 어쩌면 정신분석가의 도움도 받아가며 광범위한 자기반성을 거쳐야만 나만의 뉴스 엔진 다이얼을 조정할 만반의 준비를 갖추게 될 것이다. 그러고 나서야 어떤 종류의 기사가 이용자의 방어적인 자세를 허물어줄지 알 수 있고 인식의 한계를 확장시켜주고 바람직한 시기심을 자극할지도 깨닫게 될 것이다. 증가한 선택의 자유에 이르는 모든 길이 그렇듯, 맞춤 뉴스가 제시하는 것도 현명한 선택의 어려움을 두드러지게 할 뿐이다.

3

맞춤 뉴스 문제는 이 책에서 제기한 질문들로 되돌아가게 한다. 이상적인 뉴스란 어떤 것이어야 하는가? 뉴스가 충족시켜야 하는 심오한 욕구는 무엇인가? 어떻게 하면 뉴스는 가장 긍정적인 방식으로 우리의 삶을 풍성하게 해줄 수 있는가?

우리는 지금까지 뉴스는 어떤 역할을 수행해야 하는지 알아보고자 여섯 가지 뉴스 형태를 살펴보았다.

정치 뉴스

우리 앞에 내던져진 그 모든 불화와 혼란에도 불구하고, 정치 뉴스는 우리 사회의 복잡한 역학에 대한 흥미를 끌어내고, 그럼으로써 사회의 개혁을 지적으로 환기시키는 동시에, 그 개혁에는 어떤 완고한 한계가 있다는 점을 분노하지 않고 수용하도록 도와야 한다. 정치 뉴스는 대중의 머릿속에 세련되고 관용적인 국가를 그려넣으면서도, 한 사회의 일원으로서 자부심을 느낄 만한 순간과 집단적 공감대가 생성되는 순간도 잡아내야 한다. 정치 뉴스는 권력자들뿐 아니라 공동체의 발전을 저지하는 모든 시스템상의 해악을 감시하고, 그에 더해 자신이 계속 논평하는 한 국가의 가치에 자신이 막대한 영향을 끼치게 된다는 점을 인식해야 한다.

해외 뉴스

이 하위 분야는 외국의 생활상과 더불어 그 나라들이 겪는 잔인하고 극적인 위기에도 우리가 눈을 뜨도록 해야 하는데, 이는 역설적으로 공감하고 동일시하는 능력을 가로막기도 한다. 해외 뉴스는 다른 나라에 대한 알차고, 감각적이며, 가끔은 기자의 개인적인 견해도 첨가된 그 나라의 초상을 보여주기 위해서라도 보도의 중립성에 대한 집착을 저쪽으로 치워야 한다. 해외 뉴스는 기행문학의 기법 일부를 차용하고 위대한 포토저널리즘의 힘을 지속적으로 사용함으로써, 우리가 마음속으로부터 '타자'를 인격화해내도록 돕는 한편, 전 세계에 만연한 배타적 편협함으로부터 빠져나오도록 해야 한다.

경제 뉴스

이상적으로 보자면, 경제 뉴스는 현재의 경제적 발전상을 조명할 뿐 아니라 시장 자본주의가 보다 합리적이고 만족스러운 형태로 변화하는 데 영향을 끼칠 수 있는 지적이면서도 적용 가능한 많은 이론들을 탐사하게 될 것이다. 그럼으로써 불필요한 냉소와 미성숙한 분노 양쪽 모두를 잠재우게 될 것이다. 동시에 경제 뉴스는 투자자가 요구하는 차가운 경제 데이터 너머로 뻗어나가, 산업의 여러 생산활동을 재현하게 될 것이다. 또한 상품 아래에 놓인 인간적 현실을 일깨워 감사하는 마음, 정의로운 분노, 죄책감과 경외라는 유익한 감정을 촉진할 것이다.

셀러브리티 뉴스

이 분야에서 우리는 (성숙하고 섬세한 기준을 통해 판단한) 우리 시대의 가장 존경할 만한 인물들을 소개받고, 그들로부터 영감과 조언을 얻어내는 법을 안내받게 될 것이다. 유명인사들은 생산적이고 신중한 방식으로 우리의 질투심을 끌어내면서, 자신들이 보여준 과감성과 인내의 모범을 통해 우리가 진정한 재능을 주저하지 않고 깨닫도록 도울 것이다. 그러나 한편 명성에 대한 갈망을 해소하는 가장 확실한 치유제는 궁극적으로 친절함과 존경심이 공평하게 넘쳐나는 세상이라는 사실 또한 우리에게 상기시킬 것이다.

재난 뉴스

우리는 타인의 비극을 통해 우리 자신이 비도덕적이고 맹목적이거나 폭력적인 행동에 무척이나 가까이 있다는 점을 때로 상기해야 한다. 그런 충동적인 행위의 결과가 타인의 삶을 얼마나 참혹하게 만드는지를 목격하고 나면, 우리는 오만해지거나 독선적으로 되기보다는 오히려 두려움과 동정심을 갖게 된다. 그런 면에서 뉴스는 날마다 일어나는, 우리 동료 인간들을 쓰러뜨리는 사고들을 통해 우리가 얼마나 상시적으로 갑작스런 죽음과 부상에 노출되는지 분명히 보여주어야 하고, 그리하여 고통을 겪지 않는 모든 시간에 우리가 얼마나 감사와 관용을 베풀며 살아야 하는지를 선명히 드러내주어야 한다.

소비자 정보 뉴스

이 분야의 저널리즘은 공격적이리만치 상업적인 사회 안에서 돈을 쓰는 것으로 진정한 행복을 얻는다는 게 얼마나 어려운 일인지 경고해야 한다. 따라서 소비자 정보 뉴스는 완전한 존재가 되고 싶어하는 우리 내면의 열망에 최선의 답을 줄 수 있는 물건과 서비스로 (또한 이것들만큼이나 중요한 심리적 기제가 작동하도록) 우리를 슬기롭게 이끌고자 애써야 한다.

4

하지만 언젠가 일련의 기적이 일어나 위에 언급한 모든 것을 뉴스가 믿음직스럽게 해낸다 하더라도, 우리가 뉴스에 대한 경계를 늦추지 말아야 하는 이유들을 변함없이 한 움큼 간직하고 있을 것이다……

내면으로부터의 뉴스

누군가가 강도를 당했다거나, 살해되었다거나, 사고로 죽었다거나, 집이 불탔다거나, 혹은 배가 난파했다거나, 증기선이 폭발했다거나, 소 한 마리가 서부 철로에서 기차에 치였다거나, 미친개가 죽었다거나, 겨울에 메뚜기떼가 출몰했다는 기사를 읽었다면 그걸 두 번 볼 필요는 없다. (…) 영국의 경우 그 지역의 가장 중요한 최신 뉴스는 1649년 혁명•이었는데, 그곳의 평년 작황의 역사에 대해 알고 있는 한, 금전상의 문제를 고려할 게 아니라면 그 일에는 두 번 다시 신경쓸 필요가 없는 것이다. 신문을 거의 읽지 않는 사람이 판단하기에 외국에서는 새로운 일이 좀체 일어나지 않는다. 프랑스혁명도 예외는 아니다.

헨리 데이비드 소로, 『월든』, 1854년.

• 청교도혁명을 일컫는다. 이 혁명으로 인해 1649년 1월 30일에 영국 국왕 찰스 1세가 참수형에 처해졌다.

1

우리는 딱히 변하는 게 없는 사회에 살았던 인간에서 진화한 존재다. 그런 사회에서 일어난 변화는 무척이나 중대했을뿐더러 어쩌면 삶을 위협하는 것이기 십상이었다. 이런 연유로 인해 우리는 새로움과 관련해서 인지적 취약성을 지니게 되었다. 우리는 새로운 것은 중요한 것일 수밖에 없다고 즉각 가정한다.

하지만 늘 그런 건 아니다. 뉴스가 지배하는 시대에 온전한 판단력을 유지하기 위해서는, 새로움과 중요함은 그 범주가 겹치기는 하지만 궁극적으로 서로 다른 것이라는 사실을 이해해야 한다.

우리가 초조함을 느끼고 스스로에게서 벗어나고 싶어질 때, 뉴스로 달려가는 것보다 더 나은, 더 몰입되는, 더 **믿을 만한** 해결책이 뭐가 있을까. 뉴스는 우리가 뉴스보다 더 중요한 것에 관심을 기울이지 못하는 데 대한 이상적이고 자못 심각한 변명을 제공한다. 우리는 브라질의 부채, 오스트레일리아의 새 지도자, 베냉의 유아 사망률, 시베리아에서 벌어지는 삼림 파괴와 클리블랜드에서 일어난 3건의 연쇄살인 같은 거대하고 긴급한 소식을 듣기 위해 기꺼이 자기 자신에 대한 책임을 방기한다.

2

그 규모와 편재성으로 인해, 현대의 뉴스 공장은 우리의 독립적인 사고 능력을 말살시킬 수 있다. 세계적 언론기관의 유럽 지부 조정실에는 500명에 달하는 사람들이 은은한 불이 켜진 거대한 아트리움에 앉아 있는데, 그곳은 세계 각지로 뻗은 광섬유 덩굴에 연결된 스크린과 게시판으로 꾸며져 있다. 소크라테스의 죽음부터 전화의 발명에 이르는 23세기라는 시간에 걸쳐 인류 전체가 생성했던 것보다 더 많은 데이터가 단 하루 만에 그 건물로 쏟아져들어간다. 과테말라의 지진과 콩고에서 벌어진 살인, 헬싱키에서 발표된 수익 경고와 앙카라의 폭발 사고 기사가 전선을 타고 들어간다. 거기에는 상상할 수 있는 모든 주제와 지리적 영역을 포함하는 기사들이 있다. 부르키나파소의 선거, 베트남의 유아 사망, 캐나다의 농업 보조금과 리오 틴토 사•의 아프리카 전략, 프라다의 가을 컬렉션과 취리히의 딤섬 레스토랑 등을 다룬 기사들이다. 시계를 보니 하르툼에서는 막 점심시간이 지났지만 라파스는 여전히 새벽이다. 마치 거대한 국제공항의 출국장에 온 것 같은 기분이다. 이곳은 지역적이고, 토착적이며, 천천히 움직이는 모든 것을 뒤에 남겨놓고선 열광적이고, 무중력적이며, 거대한 왕국에 들어설 때 들뜨는 것과 같은 기분이 들게 한다. 단언컨대 우리는 현대, 즉 방향 상실과 무작위성의 시대에 존재한다. 이 시대의 우리는 새로운 기술 덕택에 우리의 지역적 특색을 저버리고, 자연의 흐름을 저버리고, 넋이 나가버린 수많은 동료 피조물, 즉

• Rio Tinto: 세계 2위의 광산업체.

자신만의 불운과 야망과 기이함을 뒤섞은 짐을 진 이들이 거대한 도시들 안에 동시에 존재한다는 것을 선명하게 인식한다.

뉴스가 교체되는 주기는 거침없이 빠르다. 어제의 뉴스(산사태, 반쯤 드러난 어린 소녀의 시체, 한때를 풍미한 정치가가 겪은 모욕)가 얼마나 중차대했는지와 무관하게, 매일 아침마다 새로운 불협화음이 울리기 시작한다. 뉴스의 중심에는 병원 응급실에도 있는 제도화된 기억상실증이 존재한다. 핏자국은 밤마다 깨끗이 씻겨나가고 죽은 자들에 대한 기억은 지워진다.

혹자는 뉴스 기사의 급류를 잠시나마 말라붙게 만들 수 있는지, 인류가 (엄청난 조율을 통해) 매우 신중하게 행동하는 데 동의해서 정말 딱 하루만 아무런 뉴스 없이 보낼 수 있는지 궁금해하기도 한다. 전 세계 살인자들이 자기 할 일을 미루고, 무모한 수영객이 물가에만 머무르고, 불륜을 저지르는 정치가가 관심사를 정원에만 고정하는 식으로 말이다. 하지만 뉴스의 감독자들은 결코 그런 결핍을 두려워할 필요가 없다. 불의의 사고, 테러, 절도, 폭발 같은 예기치 않게 갱신되는 사건을 제외하고라도, 하루 24시간이 끝날 때쯤엔 3000명의 사람들이 전 세계의 도로에서 아차 하는 순간 생명을 잃을 것이고, 45명이 미국 전역에서 살해될 것이고, 400건의 화재가 남부 유럽 일대 가정에서 일어난다고 통계가 보증해줄 것이기 때문이다.

3

자신을 성찰하기란 결코 쉽지 않다. 우리 안에는 내면 탐사라도 시작한다면 당장 밖으로 나가라고 협박해야 할 난감한 진실들이 수없이 많이 숨어 있다. 하지만 우리가 자기 내면을 들여다보길 정말 간절히 피하고자 하는 그때가 바로, 불편하지만 잠재력 있는 생생한 생각들을 배양하는 순간이다. 뉴스가 우리를 붙잡아매는 순간도 바로 이때다.

내면 탐구에 반대하는 이 뉴스라는 존재가 얼마나 질투심이 많은지, 그리고 우리 내면으로 얼마나 깊이 침투하기를 소망하는지 우리는 깨달아야 한다. 뉴스 공급자들은 우리의 뒷좌석에 스크린이 설치되길 바라고, 시계에 수신기를 설치하길 바라고, 우리 마음에 휴대전화를 설치하고 싶어한다. 그래야 우리가 현재 일어나는 일에 늘 연결되어 항상 뉴스를 의식하도록 확실히 해둘 수 있기 때문이다. 뉴스는 절대로 우리를 혼자 있게 내버려두지 않는다.

하지만 우리가 먼저 자신만의 생각을 잉태시킬 만한 인내심 많은 산파의 기술을 터득하지 못하는 이상, 다른 사람에게 전해줄 수 있는 단단한 무엇을 하나도 갖지 못할 것이다.

우리는 무선 신호를 끊고 읽을거리도 손에 쥐지 않은 채 멀리 기차여행을 떠날 필요가 있다. 객실은 거의 텅 비어 있고 탁 트인 경치가 펼쳐 있으며 들리는 거라곤 기차바퀴가 철컹철컹 리듬감 있게 연속적으로 철로를 지나는 소리뿐이다. 우리는 창가 자리에 앉아 비행기

여행을 떠날 필요가 있다. 두세 시간 동안 집중할 것이라곤 구름 꼭대기와, 짐작도 못할 추위 속에서 널찍한 잿빛 날개 아래 달려 있는 롤스로이스 엔진, 우리에게서 겨우 몇 미터 떨어진 곳에서 우리의 방랑하는 사색에 시동을 거는 절제와 용기를 지닌 엔진의 지속적인 현존 말고는 아무것도 없는 그런 여행 말이다.

4

현재로서는 우리의 인간성을 원숙하게 다듬는 데 필요한 걸 다 찾아낼 수는 없다. 몇 세기를 거슬러올라가 오래된 도서관 복도를 걸어, 녹슬어가는 중세 갑옷으로 꽉 찬 잊힌 박물관의 캐비닛을 지나, 지금은 죽고 사라진 원래 소유자들이 주석을 달아놓은 낡은 책의 책장을 넘길 때 얻게 되는, 혹은 반쯤 부서지고 이끼로 뒤덮인 사원의 제단에서 얻게 되는 태도와 이데올로기, 감각의 양상, 마음의 철학이 있다. 우리는 스크린 위에서 계속 변화하는 화소와의 접촉과, 제본과 서체로써 장래에 갖게 될 생각의 한 자리를 차지할 자격이 있다고 웅변하는 묵직한 양장본의 본문 페이지와의 접촉 사이에서 균형을 잡을 수 있어야 한다.

5

우리는 전쟁, 부채, 폭동, 실종된 아이들, 시사회 뒤풀이, 신규 상장, 대전차포 등이 전례없는 중요성을 갖는 시대에 살고 있다는, 뉴스가 부추긴 생각에서 벗어날 필요가 있다. 우리는 때때로 상상 속에서 우주로 솟아오를 수 있어야 한다. 지구 맨틀로부터 수천수만 킬로미터 위에 있는 곳, 특별한 회의와 까다로운 전염병, 새 휴대전화와 무시무시한 산불이 우리에게 미치는 영향력이 줄어들고, 심지어 가장 해결하기 힘든 문제들조차 다른 은하의 풍경이 입증하는 영겁의 시간에 부딪혀 소멸하는 곳으로.

6

우리는 우리 주위를 둘러싼, 딱히 달변은 아닌 종들이 내건 훨씬 낯설고 보다 경이로운 헤드라인에 주목하기 위해 가끔 뉴스를 포기하고 지내야 한다. 황조롱이와 흰기러기, 거미딱정벌레와 까만 얼굴의 매미충, 여우원숭이와 어린아이들, 우리의 멜로드라마에 별다른 관심을 보이지 않는 이 모든 생명체들은 우리의 불안과 자기도취를 상쇄한다.

뉴스가 더이상 우리에게 가르쳐줄 독창적이거나 중요한 무언가를 갖고 있지 않다는 것을 알아챌 때 삶은 풍요로워진다. 그때 우리는 타자와 상상 속에서만 연결되는 것을 거부할 것이다. 타자를 정복하고 망가뜨리고 만들거나 없애는 일을 그만둘 것이다. 아직 우리에게는 할당된 짧은 시간 속에서도 끝까지 지켜야 할 자신만의 목적이 있음을 자각하면서 말이다.

The News
A User's Manual

찾아보기

ㄱ

〈가디언〉 58, 207

가전제품 262

가타야마, 미키오 168

가톨릭 82, 185, 187, 189, 253

개신교 82

거절의 경험 203

건강 정보 250, 253

건축 41, 54~55, 74, 190, 267

경제 뉴스 145, 147, 155, 160, 166, 177, 282

경제 체제 149, 151

경제학 15, 149, 152~155, 159, 161, 168, 171

경찰 39, 43, 70~71, 76~77, 98, 156, 161, 214, 221, 223, 237

계몽주의 67, 94

고대 그리스 225, 227

고대 로마 104~105

고요 18, 68, 199, 264

고통 11, 57, 96, 155, 167, 173, 177, 195, 197, 202, 212, 231~232, 234, 236, 270, 283

공감 100, 102, 108, 125, 208, 210, 216, 221~222, 236, 238, 270, 273, 281

과학기술 59, 111, 251, 256, 262

관심의 결핍 211

교만 246

교환방정식 152

구글 뉴스 276

〈구름 습작〉 242

국제앰네스티 122

권력자 70~71, 75, 77, 141, 233, 281

그리스 비극 221

〈금관악기, 우간다 호이마에서 열린 독립기념일 행사에서〉 124

기독교 185, 187

기상 예보관 240~241

기행문학 117, 281

꼬투리 잡기 75~76

끔찍한 이야기 216, 230

ㄴ

낙관주의 54, 67

날씨 40, 104, 240~241

냥가시, 아폴로 119

네덜란드 32, 41

네슬레 주식회사 169

노동의 의미 175

노스 케이넌 243

〈누비 소매 옷을 입은 남자〉 26~27
눈보라 241, 243
〈뉴 비전〉 119
〈뉴욕 타임스〉 86
뉴저지 239, 243

ㄷ
다르에스살람 112
다키 군 168
당혹스러움 22, 24, 52
더비셔 229
데모스테네스 185
도스토옙스키 222
도쿄 증권거래소 167
두려움 14, 16, 51, 54, 58~59, 76, 93, 117, 168, 209, 253, 283
두보이스 245

ㄹ
런던 올림픽 벨로드롬 54, 56
레드그로브, 베네딕트 174
레스베라트롤 250
로리, 게즈 235
로이터 163
롱아일랜드 239
루르 밸리 166
루클라 237
〈르몽드〉 87
〈르피가로〉 81
리치, 스티븐 224

ㅁ
마냐라 호수 112
마리 앙투아네트 278
막달라 마리아 253
〈만티네아의 헤라클레스〉 186
말라위 166
맛집 256~257, 262
맞춤 뉴스 276, 278~280
맥팔레인, 세스 200
머스크, 일론 192
『메데이아』 217
멜라니피데스 185
명성을 향한 의지 200
명성이 주는 상처 207

모욕 44, 204, 209, 212, 232, 246, 288
모호크 숲 247
몰리코프 164~165
몸바사 111
무관심 24, 96, 110, 129, 202~203
무어하우스, 조지 224
무지 79, 93, 95~96, 101
무하지리야 114
물질주의 257~258, 263
미국 기상청 239, 241
미국 상무부 148
「미술관」 126
미스테리움 트레멘둠 153
민주주의 24, 34, 40, 211~212, 278

ㅂ

〈바니타스〉 235
〈버락 오바마 대통령이 오벌 오피스 대기실에서 백악관 직원의 아들에게 인사하며 스파이더맨의 거미줄에 걸린 척하는 모습〉 142~143
버틴스키, 에드워드 171~172
범죄 이야기 219
범죄행위 74, 225
베르가라, 소피아 200
베를린 193
『보바리 부인』 80, 126, 224
보카 디 루포 256
보편적인 것 105, 107
볼드윈, 앨릭 200
볼리비아 99
볼트, 우사인 180
부르고뉴의 성 간굴푸스 187~188
부르키나파소 138, 287
부모의 사랑 205
북수단 114
분노 49, 58~59, 62~63, 65~68, 75, 81, 97, 157, 204, 223, 281~282
분포도 산출 그래프 153
불안 10, 14~15, 54, 154~155, 160, 168, 220, 236, 243, 253, 291
브라보, 마누 139
브라질 166, 286
브뤼헐, 피터르 126~127
블룸버그 162, 165
비즈니스 163, 166, 171, 177
빅토리아 호수 112~114

ㅅ

사고 52, 229~233, 235~237, 283, 285~288

사진 70~71, 76, 82, 85, 98, 110, 120, 122, 130~132, 135, 138, 141, 169, 171, 208~209, 221~222, 224, 272

삶의 의미 233, 268

상투어 81~82, 89

샤라포바, 마리야 200

〈샤먼 시 찬쿤의 공장〉 172

샤프 사 167~168

샹파뉴, 필리프 드 235

서스캐처원 166

선불교 264

성범죄 45, 223

성인 185, 187, 189

성취 10, 18, 67, 94, 103, 181, 189, 191, 194~196, 198~199, 258

성취의 이미지들 231

센트럴파크 247

셀러브리티 뉴스 206, 282

셀러브리티 문화 205

셀러브리티 인터뷰 189~190

셰익스피어, 윌리엄 105, 107, 224

소말리아 93, 99

소비자 정보 뉴스 258, 262~266, 283

소포클레스 126

솔로몬제도 138

수자, 피트 141, 143

수치심 76, 184

스마트폰 168, 258, 261

스웨덴의 성 비르기타 187~188

〈스위스 브베에 있는 네슬레 본사 중역회의실 회의 탁자〉 170

스위스 증권거래소 169

스타인바크, 셸던 '셸리' 214

스탠더드 앤드 푸어스 32

스틸러, 벤 200

스피크, 존 해닝 112, 115

슬리퍼리 록 245

시어런, 샬리즈 200

시에나의 성 카타리나 188

시위 157, 159

『시학』 217

실리콘밸리 193, 195

실증하는 이미지 130, 132

심리적 목표 258

싱클레어, 스테파니 135~137

ㅇ

아나크레온 185

아동 포르노 221, 223

아리스토텔레스 217~218

「아스포델, 저 초록 꽃」 122, 126

아테네 40, 184~185, 187, 217

아프리카 14, 16, 31, 64, 85~86, 93~95, 277, 287

아프리카연합 120

『안나 카레니나』 25, 31

『안티고네』 126

알제리 99

알츠하이머병 250

암 제레스 114

암스테르담의 부두 41~42

암코어 패키징 유한회사 173, 175

앙리 4세 132, 135, 141

〈앙리 4세의 초상〉 133

앨러게니 국유림 245

앵그르, 장오귀스트 도미니크 132, 134~135

에미 쿠시 114

에바노비치, 재닛 200

〈에스파냐 대사를 접견하는 앙리 4세〉 134

에우다이모니아 185

엔테베 114

엘리엇, 조지 102, 125

연민 195, 225

연방준비제도이사회 155

영국 통계청 148

영웅 숭배 183

예수 222

예술 12, 59, 96, 102, 108, 125, 129, 149, 185, 268~273

예술의 목적 269

예술의 창작 과정 108

오든, W. H. 126, 129

오바마, 버락 130, 138, 141

오스트레일리아 증권거래소 173

오우니앙가 케비르 114

『오이디푸스 왕』 217, 221, 223

옥스팜 92

왓슨, 엠마 182

왕립식물원 235

왕립지리학회 112

용기 96, 186, 189, 231, 290

우간다 92, 109~112, 114, 116~118, 120~122

〈우간다 총리〉 123

우둔함 79, 82

우선순위 12, 95, 233, 272
운동경기의 위업 186
움 부루 114
워터게이트 72~73
원소 149
월링턴 61
월스트리트 193
웨스트체스터 카운티 239
윌리엄스, 세리나 200
윌리엄스, 윌리엄 카를로스 122, 126
윌슨, 에리나 235
유럽연합 47, 63, 84, 149
유엔 92
유쾌함 246, 262
음바바지, 아마마 109
이국적 116
이민 22, 77, 181
이베이 192
이상주의 51, 93, 189
『이피게네이아』 217
인간적 재미 167
인격화 281
인도주의적 위기 92, 94, 102
인생의 시뮬레이터 228
인정 욕구 209
인터넷 15, 23, 83, 110~111, 192, 208, 220
일본 중부 지역 166
일슬리, 에릭 69, 72

ㅈ

자기파괴적인 행동 204
자본주의 64, 163, 168~169, 282
자연 55, 230, 241, 246~247, 250, 260, 287
재난 10, 59, 80, 243, 247
재난 뉴스 230~231, 234, 283
저질스런 관심 208
『전쟁과 평화』 126
절망 48, 52, 83, 95, 117, 157, 171, 215
정신분석가 280
정치 뉴스 37, 106, 110, 278, 280~281
정확성 97
존, 엘턴 207
존경 181, 190, 193, 202, 206, 221, 268~269, 282
존슨, 드웨인 200
존중 74, 201~202, 212
종교 11, 31, 35~36, 80, 253, 264

주가지수 165, 175
주기율표 149
주식시장 164, 175
죽음 118, 125, 215, 233, 252~253, 270, 283, 287
『줄리어스 시저』 105~107
중국 16, 28, 30, 171, 193
지도력 186
지루함 28, 118
질투 18, 168, 195~197, 279, 282, 289
집투 192

ㅊ

찬쿤 실업 171
창조적 파괴 168
천문학적 통계 수치 151
〈추락하는 이카로스가 있는 풍경〉 126~128
치유 269~271
친절함 160, 205, 282
칠레 138

ㅋ

카다시안, 클로이 200
카다피, 무아마르 120
카브리아스 185
카타르 193
카트만두 237
칸 173
〈칸에서의 위성 제작 공정〉 174
캄팔라 111, 113, 117~118, 120, 122
〈캄팔라의 세레나 호텔 로비〉 123
커슈너, 조너선 214
컨스터블, 존 240, 242
컴팩 192
코갈리 114
코네티컷 239, 243
코로스 221
콩고민주공화국 31, 92~94, 99, 102, 114, 287
키군두, 제인 119
킨샤사 138
〈킨샤사 거리의 삶〉 140

ㅌ

타이완 증권거래소 171

〈타하니와 가다〉 136~137
탄자니아 112
탈레스 주식회사 173
탐부라 114
탐사 저널리즘 74
테일러, 제임스 221~223
톨스토이 126
통계적 현실 199
『통상 관념 사전』 82
통상적인 관념 82
투르크메니스탄 99
투자 정보 뉴스 164
투표권 32
티스사이드 형사법원 222
티치아노 26

ㅍ

파리 증권거래소 173
페루 100, 138
페리클레스 185
페이팔 192
편향 32~34, 96
포크하렐, 툴라샤 237
폭력 14, 51, 74, 98, 100, 120, 283
폭로하는 사진 132
폴리냐크 공작부인 279
품격 있는 관심 208, 212
프랑스 국립 통계경제연구소 148
프랑크푸르트 증권거래소 177
프랭클린, 스튜어트 123, 124, 140
플레이아데스-HR 1A 173
플로베르, 귀스타브 79~83, 89, 126, 224
피더슨 가족 226
피어 퍼레이드 41
필람몬 185

ㅎ

하늘 보기 240
하싱크, 야크벨리너 169~170
〈한 시리아 남자가 알레포의 다르엘시파 병원 인근에서 시리아 군대에 살해당한 아들의 시체를 끌어안고 통곡하는 모습〉 139
한국 통계청 148
한국은행 146
합리성 262
해골 233~234

해외 뉴스 95~97, 100~102, 108, 112, 116, 118, 129, 281
해저 케이블 163
『햄릿』 224
햄프스테드 히스 공원 240
허구 97
헤겔, 프리드리히 11, 35
혈액검사 148
호기심 28, 37, 79, 104, 112, 187, 190, 215
화이트 타이 앤드 티아라 볼 207
『황금 전설』 185
회복력 54, 262
희망 41, 45, 47, 53~55, 57, 66~67, 71, 73, 97~98, 155, 168, 195, 211, 232, 261, 264, 270
희망봉 112

A~Z

BBC 22, 32, 63, 92~94, 109~110, 120, 222
CNN 32, 58, 180
EASSy 111
EGCG 250
GDP 147~149
M_2 146~147, 160
NRC 한델스블라트 32
P&G 사 162
SAP AG 177
SEA-ME-WE4 111

1~9

1649년 혁명 285

도판 출처

Akg-images / Erich Lessing: 219; akg-images / Pirozzi: 186; Alamy / View Pictures: 56; Bridgeman Art Library / De Agostini: 186; Bridgeman / Louvre, Paris: 186; Bridgeman / Musee de la Tesse, Le Mans: 235; Bridgeman / Musee du Petit-Palais, Paris: 134; Bridgeman / Musees Royaux des Beaux-Arts de Belgique, Brussels: 127, 128; Bridgeman / National Gallery, London: 27; Bridgeman / Royal Geographical Society, London: 115; Bridgeman / Yale Center for British Art, Paul Mellon Collection, New Haven: 242; © Edward Burtynsky, courtesy Nicholas Metivier Gallery, Toronto / Flowers, London / Paul Kuhn, Calgary: 172; Cascade News, Manchester: 219; Corbis: 182, 248, 249; Getty Images: 130; © Jacqueline Hassink: 170 (from The Table of Power (1993~5), 6 December 1994); Nico Hogg: 42; INS News Agency, Reading: 226; © KIK-IRPA, Brussels: 188; © Magnum Photos / Stuart Franklin: 123, 124, 140; PA Photos: 61, 72, 106, 139, 226, 237; Benedict Redgrove / Wired © The Conde Nast Publications Ltd: 174; Carol Rosegg / Shakespeare Theatre Company, Washington, DC: 106; Ross Parry Agency, West Yorkshire: 229; David Shankbone: 158; Shutterstock: 42; © Stephanie Sinclair / VII Photo: 136, 137; Pete Souza / White House Photo Office: 142, 143; Topfoto: 133, 188; Yale University Art Gallery, New Haven: 188; Jenny Zarins: 259 (from Polpo: A Venetian Cookbook (Of Sorts) by Russell Norman, Bloomsbury, 2012. Reproduced by kind permission).

지은이 **알랭 드 보통**

1969년 스위스 취리히에서 태어났으며, 영국 케임브리지 대학교에서 수학했다. 사랑과 인간관계의 심층을 탐구한 독특한 연애소설 『왜 나는 너를 사랑하는가』로 전 세계 독자들의 주목을 받았다. 현대인의 일상을 날카롭게 파고들어 인간의 보편적 심리와 감성을 우아하고 지적인 문체로 펼쳐 보이는 그의 작품들은, 왜 그가 '일상의 철학자'라 불리는지 충분히 알도록 해준다. 2003년 프랑스 정부로부터 '슈발리에 드 로드르 데자르 에 레트르' 기사 작위를 받았으며, 대표작으로 『여행의 기술』 『불안』 『행복의 건축』 『일의 기쁨과 슬픔』 『무신론자를 위한 종교』 『사랑의 기초: 한 남자』 『알랭 드 보통의 영혼의 미술관』 등이 있다.

옮긴이 **최민우**

2002년부터 대중음악 관련 글을 써왔다. 2012년 계간 『자음과모음』 신인문학상을 받았고, 『고양이들』 『제인 오스틴의 연애수업』 『분더킨트』 등을 우리말로 옮겼다.

뉴스의 시대
뉴스에 대해 우리가 알아야 할 모든 것

1판 1쇄 2014년 7월 30일
1판 26쇄 2023년 9월 4일

지은이 알랭 드 보통 | 옮긴이 최민우
책임편집 박영신 | 편집 황은주 고선향 임혜지 장영선
디자인 고은이 | 저작권 박지영 형소진 최은진 서연주 오서영
마케팅 정민호 서지화 한민아 이민경 안남영 김수현 왕지경 황승현 김혜원 김하연
브랜딩 함유지 함근아 고보미 박민재 김희숙 정승민 배진성
제작 강신은 김동욱 이순호 | 제작처 영신사

펴낸곳 (주)문학동네 | 펴낸이 김소영
출판등록 1993년 10월 22일 제2003-000045호
주소 10881 경기도 파주시 회동길 210
전자우편 editor@munhak.com | 대표전화 031)955-8888 | 팩스 031)955-8855
문의전화 031)955-3579(마케팅) 031)955-1905(편집)
문학동네카페 http://cafe.naver.com/mhdn
인스타그램 @munhakdongne | 트위터 @munhakdongne
북클럽문학동네 http://bookclubmunhak.com

ISBN 978-89-546-2524-1 03100

www.munhak.com